Muerte y amapolas en
Alexandra Avenue

Primera edición: abril, 2017

© Eduardo Moga, 2017

© Vaso Roto Ediciones, 2017
ESPAÑA
C/ Alcalá 85, 7º izda.
28009 Madrid
MÉXICO
Humberto Lobo 512 L 301
Col. Del Valle
San Pedro Garza García, N. L., 66220

vasoroto@vasoroto.com
www.vasoroto.com

Grabado de cubierta: Víctor Ramírez

Queda rigurosamente prohibida, sin la autorización de los titulares del copyright, bajo las sanciones establecidas por las leyes, la reproducción total o parcial de esta obra por cualquier medio o procedimiento.

Impreso en el Reino Unido
Imprenta: Lightning Source

ISBN: 978-84-16193-99-8
BIC: DCF

Eduardo Moga
Muerte y amapolas en Alexandra Avenue

Vaso Roto Ediciones

Hanging on in quiet desperation is the English way.
Pink Floyd, «Time», *The Dark Side of the Moon*

Behold a secret silent loathing and despair.
Walt Whitman, «Song of the Open Road», 13, *Leaves of Grass*

Aléjate
y mira cómo el tiempo sepulta con su légamo
el mundo donde a solas te pudres enterrado.
Manuel Álvarez Ortega,
«Donde tu nombre invoca no sé qué olvidados días», *Exilio*

Les milices du vent dans les sables de l'exil.
Saint-John Perse, *Exil*, II

Me sinto sagrado transeunte, ungido peregrino, contemplador sem razão do mundo sem propósito, Príncipe do Grande Exílio.
Fernando Pessoa, *Libro del desasosiego*, 56

En Londres Wordsworth no logró encontrarse (...). No pudo absorber ni asimilar la vasta y cambiante naturaleza de [la ciudad] (...). Londres no vive en él; más bien, él vive en Londres. (...) Wordsworth es en Londres un forastero que, en vez de describir cómo siente y qué siente, intenta detallar el lugar.
Mark Strand, «El paisaje y la poesía del yo», *Sobre nada y otros escritos*

Si consigues llegar a Londres, no vuelvas.
Juan Antonio Masoliver Ródenas, *El ciego en la ventana*

[Aquí, ¿a qué vine?...]

> *Aquí, ¿para qué vine? ¿A pronunciar los nombres de seres*
> *que no responden a sus nombres? ¿Sabe la piedra que no se*
> *llama agua? Y el agua, ¿sabe que no se llama pájaro?*
> *Y el pájaro, ¿sabe que no se llama yo? Y yo, que sé todos sus nombres:*
> *aquí, ¿para qué vine?*
>
> Sergio Gaspar, *Aben Razin*, i, 6

Aquí, ¿a qué vine?
¿Qué sombra izó sus velas?
¿Qué cuchillo se convirtió en antorcha?
Aquí, ¿qué cavidad fue el espejo en el que vi mi rostro
desguazado, sin los ojos
que antes comprendían,
                      sin lo comprendido?
Oigo el zarpazo desdeñoso del mundo,
como si se arrodillara ante mi cuerpo ausente,
compelido por la obstinación de los relojes,
y me entregara su zozobra, que no se distingue de la alegría.
Aquí, ¿a qué vine?
¿A ceñir lo que no puede ser ceñido,
a admirar la tenacidad de los insectos
y eludir la embestida del instante?
                      ¿A qué sintaxis
me encamino sino a esta desarticulación de los ojos
y al amansamiento de su turbulencia,
                      a esta navegación por un mar
de voces insuficientes, de acentos que aborrecen
la penumbra?
            Oigo las horas ulceradas,
que regalan a mi cuerpo hogueras ciegas,

aguas de las que discrepan los ríos,
archipiélagos en los que el sol se complace en morir.
El sueño que protagonizo,
y que todos protagonizan conmigo,
es una disputa cuya razón nunca se revela:
su proa se ha hundido aquí, en el barro
de estas calles estrechas,
en estos acantilados de ladrillos rojos.
¿Es aquí a donde vine?
¿Y a qué vine?
     ¿A disfrazar la oquedad que soy?
¿A pisar estos islotes sin mar, estos oasis de la angustia?
¿A desceñir la luna, cuyos muslos
me ceñían?
    A este lugar de mudez y espiroquetas,
¿a qué vine?
¿Pensaba auscultar el delirio de los escritorios,
los pedúnculos quebrados
de la noche, la usura
de las mordazas?
      ¿Proyectaba componer poemas
abrasados,
  abrasivos,
con los que revocar la frialdad desbocada
de las madres?
     ¿O aspiraba a abrazar otras alucinaciones,
carentes de huellas, de asperezas estelares,
para entender esta nada,
este yo que es hierro y es nada,
esta espesura que me constituye y me socava,
esta indiferencia con la que nombro
las cosas
que quieren destruirme?

Aquí, ¿a qué vine?
                  ¿Puedo decir que lo sabía,
que aquí se archivaban los palimpsestos de la sangre,
que esta era la tierra que desataría, como un estremecimiento,
lo anudado,
          que ampararía una floración de objetos
—lámparas, mutilaciones, olas—
acordes con el alma?
              No hay iniquidad en el periplo,
pero tampoco asilo,
           ni armonía.
Si acaso, una persistencia astrosa,
una lengua estancada en el tiempo,
que no halla sus esporas
ni sus espinas,
         porque la boca ha abdicado:
porque ya no recuerda el sabor de otras bocas, cuya enjundia ha
                                              [libado,
ni alimenta la consunción que la vivifica,
ni contiene el oscuro temblor de lo que respira.
Aquí, ¿a qué vine?
¿Me habían derrotado?
                  ¿Me habían prometido
el incendio de las cárceles y el renacimiento
del fuego? ¿Iba, aquí, a hermanarme con la
avispa,
     con la noche exultante,
con el prodigio de la eyaculación y las coníferas,
con el azar?
           ¿Compartiría la iridiscencia de los cuervos?
¿Me uniría a la beligerancia que anima a los ríos
y desdienta a los seres,
              a esta pulpa lluviosa

que no escatima versos, pero que procura tristeza,
que hace, de muchos seres, un solo ser
y, de ese ser, una criatura sin entendimiento?
¿Por qué amo esta grisura?
                            ¿Qué ha hecho que la amara,
si no he sobreseído la carne,
si el deseo se afirma todavía
entre gárgolas y hematomas,
como un aquelarre de multiplicaciones?
                                      Aquí, ¿a qué vine?
¿Experimentaba, acaso, el malestar con el que las gaviotas cohabitan
con la noche?
               ¿Me untaba con las rebañaduras de la soledad?
¿Me espantaba el resplandor dimitido de los sótanos
o, como sospecho, no confiaba en las manos
que me construían, en el clamor
                             con que me saludaban
quienes encontraban placer en mortificarme?
Ese clamor atrae y ahuyenta,
fecunda y aniquila;
                ese clamor se enreda en el pelo
como una sombra voluminosa, y perturba el ánimo
hasta que el ánimo encanece, y solo advertimos una huida sin veredas,
la impotencia de las formas para ser formas,
la incapacidad de la materia
para amar;
           ese clamor se ha vertido en mis llagas
como las olas se abaten contra el barco,
sin huesos,
sin rectificaciones,
               y acaso me haya empujado
a esta superficie blanca, donde la luna ilumina el día
y el silencio ilumina la luna.

Aquí, ¿a qué vine?
                    ¿A explorar lo que se ha escindido,
a hablar con quienes nunca tartamudean, porque nunca hablan,
a embreñarme en los minutos, y desmenuzarme en sus resquicios
                                    [cenagosos,
para descubrir que los componen la esperanza
y la desesperación, las abadías y los autobuses,
el horror y el viento?
¿Vine a saber, a beber,
a condenarme?
                ¿O vine a sepultarme en la alegría,
a descubrir de qué están hechos los órganos que me asisten
y la confusión que me edifica,
a desvelar el núcleo de la infamia?
Quizá vine a morir.
Y quizá morir sea esta disolución que no cesa,
esta unidad.
            Aquí, ¿a qué vine?

Correspondencias

[**Solo, alguien, una sombra calcárea...**]

Solo, alguien, una sombra calcárea,
un acto como extinguirse,
algo en el aire.
                Solo, uno, huyendo,
dentro de la huida, en un arboleda de alquitrán:
horas sin amparo, en el centro del frío,
                              desoídas por la luz.
Solo, en el seísmo del silencio,
a este lado del agua,
ácueo,
    solo,
y una columnata de fuego en la otra orilla,
fronteriza como unos labios entreabiertos,
                            pero sin más frontera
                              [que el tránsito,
hostigado por insectos que son peces que son hombres
que son nada,
por la crueldad de que nadie oiga,
por lo espectral.
                Esa luz, que no miente.
Esa luz que se adhiere a su descomposición,
siendo hiel, siendo nadie,
instantánea como lo perenne
                        que la acucia,
siendo asfalto,
hierro, claridad,
          noche,
                transparencia,
suelo apenas, aunque ilimitado, para tanto ser
solo.

    Dos puentes. Hielo oscuro. Luz asilada
en la levedad.
          ¿Qué ahogados caminarán con él,
tan solos como su sombra,
como su sombrero despeinado,
enraizados en la marea,
en la tierra deshuesada de la marea?
¿Cuántos solos ensolándose, aislados,
                            asolados,
en esta avenida febril de árboles, cuyo único final
es carecer de final, cuya sola misericordia
consiste en persuadir al caminante de su existencia,
aunque nadie sepa que existe;
o en el cielo, cuya negrura colinda con la tierra,
y escarba en ella, y sangra de sus dedos tenebrosos,
como los pasos que da,
en soledad,
el hombre solo?
          Por el cielo andan otros hombres
como espigas fugaces, como espinas aéreas,
que se suman a la nada
del río y del tiempo
y del yo.
    Solos.
          Heces de pie, agua de pie, viento de pie,
hombre a cuyos pies acuden los cuervos, y las barcazas, y las botellas
                                            [vacías,
y el vómito de otros hombres que han estado solos antes que él,
y la estela de cuantos han navegado por este silencio ennegrecido,
pero pies sin hombre,
hombre solo que camina
y muertos que caminan con él,

lenguas que penetran en cuerpos,
                              cosas que penetran en lo invisible,
red de relámpagos que se resuelve en línea.
Solo, ser solo,
            ser que se sabe
porque camina con sus amputaciones
y sus laberintos,
               porque cae
sin descender, por su andar inanimado, que cubre el cemento
con la mortaja de su languidez y el perfume de su soledad.
(La pagoda que ve también está sola. La umbela que la corona
prolonga su soledad como un pecho que se dilatara.
El Buda bajo la higuera, solo.
El Buda muerto, solo.
A su alrededor, mujeres solas. Y azules de oro. Y un monje
azafranado que cada mañana pule la soledad de las piedras
con bayetas y oraciones).
                       Ser cuya soledad es
la de las gaviotas que se chapuzan en la tiniebla
o la de los ciclistas que hienden el vacío,
las olas que moldean las orillas
como lengüetazos de cuchillos,
el limo de tantos incendios
                          y tantos naufragios
y tantos árboles que palidecen de negrura,
                                        y que caminan,
como caminan los hombres solos.
Hay una sola barca, dos puentes, muchos coches y un hombre,
pero todos están solos,
                      como el mendigo
cuya barba es una, cuyo macuto es uno,
cuya desesperación es una,

que palpa la madera hostil del banco
que pronto será su cama.
Ese hombre solo, alguien
como otro alguien, alguien
solo, alguien uno y único
y nadie,
        a solas con el viento,
a solas con su hambre y su ira
y su morir.
          ¿Hay ahogados en el aire?
¿Se ahoga alguien en la oscuridad?
¿Se ahoga en su propio sudor?
La soledad es un cuerpo frío, cuya frialdad quema.
La soledad esguinza la voz, e infesta los ojos, y deslíe los huesos,
y, cuando ya no queda nada por arrebatar, cuando ha saqueado
                                              [hasta las sombras
del espacio en que se aloja, se vuelve hacia el hombre,
hacia el hombre solo que la contempla
como a la maldad o la nieve,
y le rinde su esqueleto radiante. Y el hombre
se aferra a él, y en su calavera
reconoce su piel,
el brillo ensangrentado de su sonrisa.
Luz, luces,
heces:
      indican un camino que conduce hasta donde no hay camino,
hasta donde el camino se ha transformado en olvido.
Pero no es ese el que sigue el hombre solo, maniatado por sus pies,
con calambres sombríos
                   y vergajazos
de luna,
      cuyos dientes aman a la vez que desgarran.

Añicos de luna: más luz,
más sombra en los círculos abrasadores
de estar solo.
(Estar solo: no estar).
Alguien, solo,
con su nombre solo,
y su pudrirse solo,
y su nacerse solo,
                       con algas en los ojos,
y ojos en las entrañas, y lunas en la boca,
vagabundo como el vagabundo que ya duerme
bajo el edredón de la nada,
arropado por la misma luz errante,
depositario de idénticos estragos –la oscuridad, el latido–
sucesivo como los sauces que dirimen, al otro lado del río,
la arquitectura aciaga de la noche,
                               pero solo, uno,
otro, alguien, él, nadie,
yo.

[Nocturno – 9 de septiembre de 2014]
Á. se ha encontrado mal todo el día y no hemos podido salir a pasear por la ciudad, como solemos hacer los fines de semana. Tras muchas horas sentado, necesito moverme: me duele desde la raíz del pelo hasta los dedos de los pies. Salgo a dar una vuelta por el parque de Battersea. No solemos visitarlo de noche: apenas hay iluminación, salvo en los paseos principales, y no se puede disfrutar del paisaje. Además, en algunas zonas es tan intrincado que, a oscuras, resulta fácil perderse. Quizá hoy, con luna llena, la visibilidad sea mejor, pero prefiero no arriesgarme. Voy, pues, hasta los pies del puente Alberto, y me dispongo a recorrer la gran avenida fluvial del parque, que se extiende casi un kilómetro hasta el puente siguiente, el de Chelsea. No hay mucha gente. Tampoco la hay de día. En

muchos parques de Londres se da esta extraña situación: grandes extensiones de terreno en las que apenas se ve a nadie, mientras muy cerca, en las calles adyacentes, ruge la marabunta. Enseguida veo pasar por el Támesis los barcos discoteca del fin de semana. Cuando llega el viernes, empiezan a surcar sus aguas, además de los barcos restaurante que lo hacen todos los días, las gabarras bailongas. Son chatas, pero suelen tener dos pisos: en el superior, la gente se retuerce al son de estruendos funkies; *en el inferior están el bar y los servicios. Me llama la atención el enjambre intermitente de luces azules y rojas, que impacta en la luminosidad mate de Chelsea y raja la lona de la noche. En el agua se reúnen esos destellos violentos y el reflejo de las farolas y los edificios del embarcadero de Chelsea, al otro lado del río: los primeros son una perturbación; los segundos forman una columnata de luz. Pero tanto unos como otros aparecen enhebrados por los coches que pasan: son solo puntos fugaces, pero todos juntos conforman un bramante de lumbre que los ensarta sin descanso. No es difícil imaginar por qué este paisaje cautivó a Whistler o a Turner: la luz reblandecida, las formas oscuramente transparentes, la quietud salpicada de perturbaciones opalinas. El río está bajo hoy: a ambos lados, una pulpa de limo y piedras configura una playa inhóspita. Cuando los barcos pasan, las olas que levantan –sin espuma: un remedo domesticado de las olas marinas– mueren torpemente en esos lomos de barro. El parque de Battersea, una espesura negra, aparece revestido de una malla de luces: los dos puentes, engalanados por miles de voltios; la tiesura eléctrica de las farolas y la fijeza circulante de los faros de los coches; los barcos y su destellar; las luces de los trenes que vienen del sur hasta la estación de Victoria y que cruzan el Támesis con estrépito rectilíneo; las de los aviones que no dejan de sobrevolarnos; las de las bicicletas que no dejan de circular; las de los aparatos que llevan los corredores que no dejan de pasar, y que miden el ritmo cardiaco, los niveles de glucosa, la distancia recorrida. Todo es tiniebla aquí, pero la claridad se esfuerza por afirmarse: oscuridad rasguñada por la luz. Llego, por fin, al puente de Chelsea, y me sitúo debajo de él. Hay un pasadizo que conecta los tramos del camino del Támesis a ambos lados de la construcción. Su inmensa mole me cubre como otro cielo, y observo las pequeñeces que la componen: clavos, cables, remaches, barras. Cambiar la perspectiva de lo que vemos es cambiar lo que vemos, y también cambiarnos a nosotros mismos. El puente me parece algo mucho más carnal desde abajo, más vulnerable, casi íntimo. Cuando lo estoy contemplando, pasa otro barco-boîte, cuyo estrépito amplifican sus pilares metálicos. Deshago el camino y vuelvo al puente Alberto. Cuando alcanzo la Pagoda de la Paz, a mitad del trayecto, me cruzo con un mendigo viejo, rubio, menudo, con coleta y mochila, que comprueba el estado de un banco, o quizá si está mojado: se está preparando la cama. No es un indigente aparatoso: parece más bien un trotamundos. Aún no lleva la ropa despedazada, ni arrastra una bolsa enorme con sus tristes enseres, ni los pies. Las madrugadas refrescan ya, pero todavía no es una temeridad dormir al raso. Dentro de algunas semanas, sin embargo, empezará el infierno invernal, y yo me preguntaré, otra vez, cómo sobreviven los sintecho a la intemperie. El frío, en lo más duro de enero, es aquí insoportable. Sigo caminando y disfruto del sonido casi broncíneo de mis pisadas en la piedra. Paso junto a una pareja, apoyada en la baranda de piedra del paseo, que se masajea con fervor: prologan (o prolongan) el coito. Admiro la delicadeza y, a la vez, el vigor con el que las lenguas se anudan, y exploran las bocas, por dentro y por fuera. Me cruzo también con una pareja de españoles: uno lleva el brazo por el hombro del otro. Hablan con admiración de lo que ven. Cuando llego a Alberto, dejo el paseo central y enfilo el camino que me lleva hasta casa, y que discurre por entre plátanos centenarios. Reparo otra vez en la luna llena, que, tapiada hasta ahora, se asoma por fin a un balcón de nubes: sus hilachas la acenefan, como un medallón, y el satélite brilla con un fulgor satinado. Salgo ya del parque; poco antes, en uno de los quioscos que dan descanso al caminante, he visto a un grupo de jóvenes negros decir mucho* fuck *y tramar esas cosas que trama un grupo de jóvenes negros, en un parque de Londres, a las diez de la noche. La panda olía a ganja y alcohol. No se han fijado en mí.*

Multitudes

I

En el espejo que soy
                     este fragor se vuelve silencio.
Es el ruido de un fuego con muchos brazos,
de ojos engarzados en una cadencia medusina
pero indiferente,
                     de sexos y espíritus y columnas vertebrales
que comparten lo informe del enjambre,
la trepidación ilimitada
de cuanto carece de cuerpo, pero se aúna,
se endurece,
y me insta a respirar.
                     Abrazo este asfalto
que me expulsa: me sumo a él como el grajo
se entrega a su graznido.
Y abrazo a quienes lo pisan
como si espesamente levitaran,
o como si no aplastasen otra uva
                     que los racimos inalcanzables de
                            [los muertos.
El que pasa hablando en francés con otro que habla un idioma
                                  [incomprensible.
El mendigo cuya única elevación es la de la cabeza que se alza del
                                       [suelo
     para pedir educadamente una moneda.
El carnicero que corta la carne como si cortara un río.
El taxista que se enamora de un pasajero tuerto.
El que arroja piedras al recuerdo y descalabra la nada.
El que golpea y nunca yerra el golpe: da en sí.
El que amenaza con estrangular a un gorrión con la corbata.

El que me pisa creyendo que ha subido un peldaño al cielo y no oye
[mi reniego,
porque nunca oye nada.
El que escala montañas, porque las montañas tienen sed.
El poeta que escribe novelas.
El novelista cuyo principal desafío es seguir escribiendo
sin saber si lo que lleva escrito es una mierda.
El que no habla inglés y aún espera que amanezca cada día.
El que se asombra de que exista la inocencia.
El que acapara
[bibliotecas y humillaciones.
El que solo escucha la ferocidad fluvial del tiempo, el ensañamiento
maquinal de su pasar.
El policía que languidece bajo un casco de piedra.
El saltimbanqui que toma prozac.
El traje que pasa sin hombre.
La familia de campo abrumada por la grandeza de los edificios y lo
[incomprensible
de los símbolos.
Las ratas que corren por debajo de donde pisamos.
(Las ratas han construido una ciudad especular, en la que se
[desdoblan
nuestros chillidos y nuestras enfermedades. Pero las ratas
también somos nosotros, que sobrevolamos
esa ciudad).
El transeúnte que habla solo, con un auricular metido en la oreja,
[y al que responde
alguien que habla tan solo como él.
El que mira escaparates y no reconoce a quien lo mira desde el
[escaparate.
Los artefactos que tienen cara,
las caras mecánicas,
los mecanismos sin cuerpo,

los cuerpos que proyectan una sombra fosforescente,
el terciopelo huidizo de los animales,
el roce de lo paralelo, y estallado,
e incomprensible, porque es parecido a mí,
o porque difiere de mí, porque es otro cuerpo,
que soy yo, que es este fragor silenciado en mi azogue
y que deseo absorber con la carne que me atormenta,
pero que huye, estrangulado por su propia plenitud, y se adentra
                                      [en ella,
y persigue su alambrada,
            el plexo de los ojos,
que quieren ser ojos, pero que solo
son miedo,
        y todo es uno e infinito:
yo soy lo que veo y lo que no veo,
lo que acumulo y lo que me elude,
lo que se transfunde en mí
                  y lo que enveneno con mi aliento.
El que cabalga a lomos de un caballo sin patas.
El que viste una camisa de sombras.
                    El que lleva un cadáver en la
                                      [mochila.
El que sabe que apenas media distancia entre la carcajada y la
                                    [desesperación.
El que bebe para olvidar que bebe.
El que se hace daño en silencio para no molestar a los vecinos.
El que todos los días saca a pasear la nada.
El ciego que quiere ser arquitecto.
                        El arquitecto que no sabe
                        [dibujar.
La presidenta de una sociedad literaria que escribe cartas con tinta
                                    [transparente
    y lenguaje ininteligible.

El capitán de barco cuyo uniforme ha desgastado el siroco,
    pero que aún brilla, como una luciérnaga vieja.
El esquimal que no añora el hielo.
                      El etíope que sí lo añora.
El borracho asustado por las alucinaciones y las moscas.
El abogado que nunca ha defendido una causa justa,
    pero que se sabe bendecido por Dios.
                      El que expide
        [lanzamientos sin dejar de sonreír
y le hace el amor a su mujer cada noche con aplicación ejemplar.
El que duerme en un saco, debajo de un puente, entre otros que
                [duermen en un saco,
    debajo de un puente.
El que me mira, y me juzga, y concluye que soy una babosa con
                          [barba,
    o invisible, o su hermano,
                y yo, que le devuelvo la mirada,
porque no hay odio sin cercanía, ni amor sin destrucción,
y salto de su esfenoides a la cornisa de un edificio
alto como el desatino del mundo,
y regreso a las honduras de la superficie,
donde se amontona en lo que he dejado de creer,
los silencios que ya no atesoro,
los trozos de mí que entrego a la fiereza
de los relojes
        y la conmiseración de la muerte.
La muchedumbre es un endriago de un solo cuerpo.
Yo, en cambio, tengo muchos:
el del conductor de autobús que nos conduce al caos,
el de la garza que tensa al volar el cuerpo sinuoso, pero cuya sombra
                      [sigue serpenteando,
el del vigilante que solo vigila su aburrimiento,
el de la mujer que se inhuma en una negrura ambulante

para que sus formas no exciten la impudicia del varón, y el
[del varón que lo consiente,
el del empresario que cumple todas los normas, salvo la de
[promover la felicidad,
el de la anciana que escarabajea como una libélula,
el de quien trajina cachivaches como si él mismo fuera otro trasto,
el de la ardilla que muerde la bellota y la mano,
el de la hierba que acepta mis pies, y los pies del homicida, y los
[pies de todos,
que son también los míos, los ocelos de mi andar destripado,
las extremidades de esta soledad que la multitud no palía,
sino que exacerba, como el exceso de luz promueve la ceguera,
la certeza de que todo lo que me confina, me desmiente,
de que el mar de que formo parte me aísla,
de que esta arena humana, en la que se depositan los astros y la
[defecación, me arranca la carne,
que se apelmaza en su fluir.
Lo que he visto es mi fantasma.
Lo que he visto no existe.
Solo existo yo. Cargo con los hierros de esta turbulencia inmaterial
que barre los pulmones y la fraga exhausta de la memoria,
y me confirma en mi ser,
como el hambre confirma al hambriento,
como la luz revela
la aniquilación.

[T<small>IPOS HUMANOS</small> – 14 <small>DE SEPTIEMBRE DE</small> 2013]
En la espectacular heterogeneidad del paisaje humano de Londres, es posible distinguir algunos tipos recurrentes. Está, por ejemplo, la inglesa leptosómica, esa mujer escurrida, longuilínea, de piel sepulcral –aclarada, hasta casi la transparencia, por la falta de luz–, que camina siempre al borde de la catástrofe, como un espantapájaros a punto de ser derribado por el viento, pero que evita el descalabro

gracias a una fuerza ascensional, a una suerte de perpetuo estiramiento. Julio Camba, mezclando la agudeza con la misoginia, como solía, la compara con un paraguas; Oliverio Girondo, con un farol. No es difícil continuar la lista de símiles: una escoba, una cigüeña, un insecto palo. (La inglesa leptosómica se opone a la inglesa negra, que despliega labios, pechos y nalgas como si pusiera pasteles a la venta, y que pasa al lado de uno como un ciclón de chocolate). Está, también, el joven de negocios, que alterna, según la época del año, el traje inexorablemente gris, entallado, de solapas estrechas y justo de piernas, y la corbata fina —como si las prendas, al igual que él, quisieran contener su presencia, estrecharse hasta el adentramiento—, y el traje sin chaqueta ni corbata, con una camisa blanca, rosa o lila, algo más holgada, y un bolso en bandolera, cuya cinta le cruza el pecho como la canana de Pancho Villa. Está el rudo combatiente, ya sea del ejército, de un equipo de rugby o de una empresa de mudanzas: un sujeto paralelepipédico, roturado por tatuajes indescifrables, cuya mandíbula sobresale como un pecho, cuyo inglés no se distingue del swahili, y que bebe cerveza como quien come palomitas. Y está, por fin, el personaje excéntrico, el que va por la calle con una barretina y una falda escocesa, o con la pechera llena de medallas de la Unión Soviética, o con un guacamayo en el hombro. Esta excentricidad suele darse con más frecuencia entre los hombres, aunque, cuando se observa entre mujeres, brilla con una luz más intensa. A los varones les encantan los atavíos desmañados y las melenas canas, pero una dama excéntrica puede ir por la calle tocada con un sombrerito de los que se llevan en el derby de Epsom y un sari indio, mientras lee, caminando, un volumen húngaro de filosofía (o un volumen de filosofía húngara). Elizabeth Sitwell sabía mucho de excentricidad femenina.

II

Brazos. Son mariposas.
Labios: esporas.
             Brazos, labios,
irrealidades.
             Pero se apoderan del tiempo,
preñan lo invisible. La transparencia
es una roca; brazos y labios
son rocas.
             Brazos, labios,
pechos, sombras,
palabras.
             Son insomnio: la agitación
de un murciélago
que parece
             una luciérnaga.
Pasan por mi lado, pero los atravieso;
o ellos a mí.
             Brazos sin manos, brazos
que bracean, brazos sin boca: escisión
que es unidad.
             Y pies, y tórax,
y alas sin vuelo pero frenéticas,
y pieles acorraladas por la noche,
y cristales volviéndose carne
ahora, en este instante que constituye
–y refuta–
el ahora,
             en este surgimiento de ataúdes
y carótidas,
             y lenguas que se adentran en lo que no está,
y tristezas que soy incapaz de disipar.

Brazos,
labios,
    fiebres,
telas urgentes, indisociables de la prisa,
sudor derramado en las calzadas del crepúsculo,
soledades,
desfallecimientos,
                seres.
Estos brazos desnudos desnudan
mis brazos. Su vuelo, uncido
a la penumbra,
                me iza a los barrizales
del cielo. Los brazos de los otros
son islas
en el mar que soy;
                y mis brazos
se colman con su danza,
con el entrelazamiento de las formas
que no deponen la forma, ni renuncian a su temblor,
con la rectilínea tenacidad de los colibríes.
Brazos, labios,
dedos, muertes,
                aglomeraciones.
Los edificios viajan: son insectos.
Los volúmenes se adaptan a la inexistencia.
Pasan, pasan, me rodean,
me anuncian,
me invaden,
                me lamen sin rozarme,
me regalan excoriaciones que escapan
de mi cuerpo cuando quiero aliviarlas,
como si la materia no deseara
                      evidencias,

como si el torbellino de órganos y acontecimientos
que arremete contra el silencio populoso
                                          de las calles
fuese producto de un impulso inorgánico,
de un frenesí inmaterial.
                        Hay quien lleva los zapatos
en la cabeza, y quien se encarama a las farolas
para no ver, y quien imagina calamidades
con insolente delectación,
y quien es otro, y quien soy yo,
con brazos, y lenguas,
y letanías parecidas a esta,
                        y ciclistas que pedalean con las manos,
y viejos que se arrancan la vejez como una pelliza mineral,
y cosas,
cosas aladas,
cosas subterráneas,
                cosas de astros,
cosas aquí –en este punto indescifrable
que es aquí, donde todos convergen,
pero yo no estoy–
y cosas sin mundo,
cosas que me amenazan
y me felan,
        cosas lápida
y cosas sexo,
        cosas minutos,
cosas traición.
            Los brazos se extinguen,
pero surgen otros nuevos: brazos con lenguas,
lenguas con púas,
        bicicletas con sexo,
ríos que se incorporan a la oscuridad

como hemorragias de fuego
sin renunciar a su curso
de linfa
        y demolición.
Las cosas transcurren: los brazos, las lenguas,
las alas, los verbos irregulares,
                        los hechos discernibles
y aquellos otros que no tienen origen ni consienten
en morir,
todo cuanto está anclado
en el barro
y en el aire.
        Yo transcurro.
Pero, en esa plenitud que es el lapso
en el que sucede
        lo inexplicable,
mis brazos se han sublevado,
y mi pecho se ha llenado de viento,
y mi lengua ha recalado en otras lenguas,
y mis pies han articulado palabras,
y mis sueños han exhibido la solidez de la lluvia
y la incandescencia de lo ausente,
y esta vorágine polilobulada
de la que solo soy una minúscula faceta
ha venido a mí,
        estallada y entera,
como viene a una tumba
un corazón.

[UN RECORRIDO ÉTNICO – 28 DE MARZO DE 2014]
Las calles de Londres son un festín. Ayer por la mañana salí a comprar. El día era fresco y luminoso. En Battersea Park Road, la calle que configura la frontera entre nuestro barrio y los barrios del sur,

proletarios e ismailíes, vi un grupo de hombres reunidos a la entrada de un restaurante. Formaban en la calle, sin ocupación, sin otro propósito que matar el tiempo. Algunos estaban de pie; otros, sentados en los asientos de la terraza. Varios llevaban chupas de cuero –pero no de esas, desafiantes, que visten los motoristas y los que van mucho al gimnasio, sino de las otras, las de la gente mayor, lacias, sin distintivos– y casi todos fumaban. Un hecho exótico: fumar se está convirtiendo aquí en una rareza. Los rasgos de aquella gente eran indudablemente meridionales; al menos, no lucían las blancuras lácteas ni el espigamiento hiperbóreo de los británicos. Tenían la piel arrugada, oscurecida, y pensé que así debe de quedárseles a los que se pasan media vida ajustando tuercas en una cadena de montaje, como Charlot. Supuse que eran árabes, pero, al pasar junto a ellos, los oí hablar –no lo pude evitar: casi vociferaban– en italiano. Aquello era un pueblo de Sicilia. Los hombres se reunían de mañana, al sol, en el bar, para hablar de sus asuntos –de nada, en realidad– y ver pasar las horas. Me fijé en el restaurante del que constituían la parroquia: se llama «Capitán Corelli»; sí, como aquel personaje, interpretado por Nicholas Cage, que le tocaba la mandolina a Penélope Cruz. Debajo del nombre se anuncian los, probablemente, tres productos italianos más universales, además de Sofía Loren: «capuccino, pizza, pasta». Un prodigio de síntesis comercial. La población transalpina de la zona debe de ser numerosa: en el tramo de Battersea Park Road que va desde la estación del tren hasta poco más allá de Latchmere, hay cinco restaurantes italianos, ninguno de los cuales forma parte de una franquicia o de una cadena. Seguí mi camino al Tesco y, un poco más adelante, me crucé con un grupo de chinos. Los chinos no practican la indolencia; por lo menos, no en Europa. Era un grupo inarticulado, difuso, que tenía dificultades para ser considerado grupo: sus miembros se movían con cierta incomodidad, como si permanecer en aquella breve cofradía contradijera algún objetivo existencial. Hablaban bajo y muy seguido, con su idioma nervioso, salpicado de gangosidades. Los chinos se reunían delante de un local de masajes, en el que se desperezaban tres mujeres que apenas levantaban dos palmos del suelo; me pregunté si serían masajes con final feliz. Cuando volví a pasar por allí, al cabo de diez minutos, el grupo había desaparecido; solo las mujeres del local de masajes (¿masajería?) seguían bostezando en las butacas. No había más corros de personas por la calle, pero, muy cerca ya del supermercado, pasé por una sucesión de locales regentados por árabes: kebabs, casas de comidas, locutorios de internet, tintorerías, todos escuetos y desteñidos, lo que, en el caso de la tintorería, tiene su gracia. La clientela era aquí, en su mayoría, musulmana y negra. Los mahometanos comían sin prisa, o miraban la calle desde las mesas del interior, o simplemente esperaban, aunque no sé el qué. Parecían parte del mobiliario. Los negros, en cambio, revoloteaban: entraban, salían, se juntaban para dispersarse a continuación, pedían faláfel y se lo zampaban en un abrir y cerrar de caninos, ocupaban la acera con sus mochilas y sus muchísimas extremidades, se reían y se callaban y se volvían a reír. Los dejé atrás a todos y me hice, por fin, con algunas cosas que se nos habían olvidado en la compra semanal: la principal, una caja de Budweiser. Llevar una provisión semejante de cerveza por la calle me hace sentir incómodo, pero el tramo hasta casa es corto. Los conserjes del inmueble, sarracenos también, me miran con una sonrisa. Luego de descargar las bolsas en la cocina, volví a salir, esta vez en dirección a Chelsea. Crucé, como tantos días, el parque de Battersea, tan grande, tan vacío. El suelo olía fuerte a estiércol: cada día los jardineros lo abonan generosamente. La mezcla del fertilizante y de la lluvia que cae sin cesar hace que los arriates de Battersea parezcan pieles verdes de oso. Luego, los mismos jardineros que se preocupan por que crezca la hierba, han de hacer horas extras para cortarla. Es una labor sisífica y contradictoria, pero a ellos parece gustarles. Mi camino siguió a continuación por un sendero flanqueado por cerezos, que están en flor desde hace dos semanas. La floración no durará mucho más: ha llegado a su ápice, que consiste en que las ramas de los árboles estén cuajadas de flores blancas, como si las revistiera un *abrigo inmaculado. Uno se siente japonés desfilando bajo esas nubes de pétalos, punteados, en el centro, por un pezón rosa. Al terminar el sendero, di con los camiones de una feria, que estaba instalando sus atracciones. Muchas aún estaban envueltas en lonas, pero distinguí un tiovivo, y casetas de tiro, y un pulpo giratorio. Las ferias tienen algo de radicalmente mediterráneo; no diré que aquí disuenen, pero no me encajan en las brumas, no condicen con la melancolía. No obstante, cuando esté en funcionamiento, no pienso perdérmela. Tengo intención de hacerme, como sea, con un muñeco de peluche.*

[Araño el aire...]

Araño el aire, porque el aire es sólido
y contiene presencias.
                      Habito el aire,
porque quiero encontrar a otros náufragos
que conocieran mi nombre
antes de que mi nombre se disolviese
en este vendaval silencioso,
en la gangrena púrpura de la desmemoria.
                                          Alcanzar
aquellas formas de la luz
                    en las que el tiempo no declinaba,
sino que resplandecía como un árbol cuyas ramas fueran brazos
y fueran vértigo,
              y su savia latiera como una herida,
y sus recuerdos se concertasen con los míos.
Vuelvo a aquellas sombras
quebradas
        por esta luz sin raíz,
y hurgo en ellas como quien busca en un cajón
una prenda perdida,
y extraigo sombras pedregosas,
añicos de mi estar sin desembocadura,
de mi morir inaccesible al abrazo.
En los rostros que veo,
maniatados por la niebla,
no reconozco el fuego
de lo que he sido. No sé quién he sido,
pero ahí está,
            sonriendo,
matando.

        En los pechos con los que hablo
sin mover los labios,
solo invocando la conciencia de que me diluyo,
no hallo el eco
de la luna
que me cobijaba,
                ni el gemido de los perros
que me escoltaban como a una virgen
o a un moribundo,
ni el hecho inexplicable
                de la sangre.
El yo, derrotado por el silencio,
ya no señorea lo que poseyó,
ni promueve sus apetitos,
ni se enmaraña en la fraga amable
                      de quienes me han amado.
No veo el sol, pero me llama: me induce a compartir
su lava
      transparente.
No siento el agua, pero me disloca,
ladra,
      asiste a mi derramamiento
con el gesto imperturbable de la rosa
o el verdugo.
Toco este mundo en el que me inmolo,
pero no puedo asirlo.
                En cambio, tu cara, madre,
grita como una roca,
          y la tuya, padre,
tan muerto,
me persigue como un pájaro
o una esquirla
del muro en el que yaces,

o del muro que eres,
                         o del hueco que soy.
Y la calle que amé como si fuera un cuerpo,
y que odié como si careciese de cuerpo,
y la casa en que fui,
en que, solamente, sin alabanza
ni espanto,
fui.
     Braceo en el aire, porque quiero atraparlo
y cabalgar a su grupa
                         hasta lo irrespirable.
Siento que ando tras el fuego de mí,
escondido a la intemperie, en plazas sin cielo, en oscurecimientos
y vejaciones,
en la lectura de un verso al sol indeciso
de la tarde,
              en un vino ardiente
que sabe como un río.
                      Ando tras las sombras:
buscarlas me condena a encontrarlas.
Persigo lo infinito: que subsistan
las vértebras
de la nada;
que no cese la dispersión
                        que me ha erigido.
Y que me acompañen otros rostros, agrietados como el mío,
asediados por las mismas noches,
hermanados por la certeza compartida
de enderezarse,
de asomar entre las nubes y el barro,
para solo morir;
             rostros que son prueba
de mi propio rostro, apto siempre

para deshacerse, aborrecible
y alegre, manchado de amor
y devastación.
                  Reparo, hoy, en este aquí
de irisaciones antárticas
                        y formas
opresivamente muelles, y me pregunto dónde están
mis desapariciones, en qué rincón
he dejado su piel
y su compañía,
              con qué nombre he bautizado
la falta de nombre,
                  la falta de mí.
Y me oigo revolver los cajones
y el interior de los armarios
buscando un pañuelo manchado de sangre,
                          pero cuya sangre sea
                              [un susurro,
o la esperanza de crear algo que me sobreviva,
o una mirada insaciable.
                    Pero salgo desnudo de mi pesquisa:
los muebles, voraces, me han arrancado
las manos
        y el empeño.
                Aquí estoy,
atrincherándome,
derrumbándome,
                administrando raciones de supervivencia
bajo esta lluvia que quema,
bajo este cielo de hielo,
sofocado por la templanza,
                    bostezando de fiebre,
entregado a la contemplación de las campánulas

que salpican la espesura
como mariposas petrificadas,
a la asimilación de mi propia lejanía,

                                        a la ponzoña del olvido.
Aquella ciudad fue mía; yo fui mío: del amanecer,
de la espada,
                 de las horas hirvientes
y mortecinas,
del asombro entero de la creación.
                           Hoy desaguo
en lo que no soy,
          en lo que no está,
en lo que no sabe,
          en lo que no tiene nombre,
en lo mutilado
          y ajeno,
en lo que sonríe
          y me ahoga.

[SOLO – 25 DE ABRIL DE 2014]

En nuestra anterior estancia en Inglaterra –en rigor, solo de Á., que fue la que trabajó aquí trece meses; yo únicamente la acompañaba en vacaciones y fiestas de guardar–, vivíamos en un pueblecito de los alrededores de Mánchester, un pueblecito que hacía honor a su nombre: se llamaba Littleborough, «pueblecito». Era, ahora que lo pienso, tan tautológico como el Valle de Arán, que significa «Valle del Valle». En aquel villorrio –que conservaba algunos rasgos rurales: recuerdo, por ejemplo, que unos vecinos tenían animales de granja, y que un gallo, a quien el dios de los gallos confunda, me despertaba todos los días, con puntualidad británica, a la salida del sol; y aquí el sol sale muy temprano– apenas hacíamos vida social, porque apenas había vida social. Visitamos alguna vez el único pub de la localidad, en cuya barra se acodaban parroquianos aburridos, y fatigamos los caminos y bosques de las cercanías, pero allí era difícil encontrar otra cosa que urracas, petirrojos y algún caminante como nosotros, que, si era inglés, pasaba de largo a toda velocidad, casi sin mirarnos, provisto de sus wellingtons, *su bastón de paseo y la inquebrantable decisión de andar doce millas en cuarenta y cinco minutos. Descubrimos, no obstante, un restaurante agradable, donde se comía bien por no mucho dinero, y donde la mayoría de camareros eran hispanos. Recuerdo a un chileno de pelo blanco y a un español muy alto, canario, que se llamaba José, y que no había perdido su acento insular después de casi veinte años en las tierras de Mancunia. José se alegró, y nosotros también, al descubrir la nacionalidad común. Desde entonces, siempre que nos veía llegar, hacía un alto en su infatigable actividad de ligue –José conseguía que todas las inglesas que entraban en el local cloquearan de gusto y se rieran con él– y nos daba palique un rato. No es que acabáramos cogiendo confianza, pero, después de varias visitas, ya me sentí con ánimo para hacerle alguna pregunta más personal. «Oye, José», le dije, «después de tanto tiempo aquí, ¿cómo valoras tu experiencia en Inglaterra? ¿Estás contento?». «Oh, sí, aquí tengo trabajo y me gano bien la vida. En Canarias no tenía nada». Hizo entonces una pausa, pareció reflexionar un momento y añadió, entre compungido y melancólico: «Pero en este país te* depresionas *mucho». Debería haberle preguntado por qué, pero no lo hice. Supuse que el clima pesaría lo suyo, y comer sin gofio ni mojo picón, y el carácter de los ingleses. «Muchos lo solucionan bebiendo; conozco a mucha gente con familia y trabajo que se vuelve borracha». «¿Te gustaría volver a España?», inquirí. «No, ya no. Supongo que me quedaré aquí para siempre», respondió, y esta última frase, pese a lo mucho que había alabado las condiciones materiales de vida en el país, sonó a destino fatal, a condena irredimible. Y volvió a sus faenas y a sus ligues: un grupo de gordas de Liverpool lo reclamaba con urgencia. He pensado mucho en ese país en el que te* depresionas *mucho, como decía José, y he llegado a la conclusión de que lo depresivo es la soledad, algo profundamente arraigado en una sociedad tan individualista como esta. Son ya unos cuantos los españoles y personas de otras nacionalidades que he conocido en Londres, que, tras varios años de estancia en Gran Bretaña, dicen no tener todavía un solo amigo inglés. Tampoco Ál., que estudia en una universidad londinense, lo tiene: sus compañeros son de Zimbabue, de Irán, de la India, de Paquistán, de los Estados Unidos. Ni yo, claro, aunque eso es hasta cierto punto lógico, porque trabajo en casa y salgo poco. Pero he observado que los vecinos con los que me cruzo nunca me saludan, ni esperan que yo los salude, y que los compañeros de* spinning *apenas hablan entre sí: vamos a clase, pedaleamos como hámsteres durante cuarenta y cinco minutos, y luego nos vamos a la ducha (separados), en casi completo silencio. El otro día T. me preguntaba si no había surgido alguna relación de barrio, de esas que nacen cuando uno va a comprar el pan (pero ya he dicho que aquí no se compra el pan, porque no hay panaderías) o el periódico. No, no ha surgido ninguna. Lo cierto es que aquí estoy más solo que un oso polar, y que la única forma de combatir la soledad es aferrarse a la familia, trabajar mucho, volver con alguna frecuencia a España –y seguir cultivando las amistades de allí, las amistades de antaño– y también, debo admitirlo, llevar este diario, que es un sucedáneo de las conversaciones que no puedo tener, y que me procura la sensación de que sigo cerca de la gente a la que quiero. Yo soy solo, en estos momentos, el mismo que vivía en Barcelona, con los mismos hábitos, ritmos y relaciones, pero radicado en un piso de Battersea. En algún lugar leí, hace tiempo, que para los ingleses era un valor que los dejaran en paz. Es cierto: dejarlos en paz significa dejarlos solos; así pueden darse, sin que nadie los moleste, a la bebida. Por otra parte, veo que se reúnen, en los pubs, en los campos de deporte, en los clubs, y que hasta parecen divertirse. Pero hay algo, en todos estos sitios, de convención social, de protocolo colectivo. La comunicación es tan rígida, está tan pautada, que no parece sino que la gente acude a esos lugares porque corresponde hacerlo, y que, una vez en ellos, las manifestaciones de unos y otros se reducen a lo que hay que manifestar, y como hay que manifestarlo. (Quizá por eso las rupturas de las normas son tan violentas en este país, ya sea por parte de los* hooligans *habituales o de los jóvenes que destrozan barrios enteros en algaradas sin explicación: porque no se ha encontrado aún una vía natural, espontánea, menos puritana, menos sujeta a la codificación de la tribu, para satisfacer la necesidad de comunicación y encauzar las pulsiones agresivas). Yo lo observo todo con atención, pero apenas hablo con nadie. Al conserje paquistaní le pregunto si ha llegado correo, y a la india de la papelería, si ha llegado* El País. *Y poco más. Me gustaría tener alguien con quien charlar y a quien llamar amigo. Pero como decía aquel torero tan listo, lo que no puede ser, no puede ser y, además, es imposible. Ojalá no me* depresione *por ello.*

[Casas, laceraciones...]

Casas, laceraciones.
Casas enclavadas en el suelo,
en el sueño,
    sobrevoladas por amatistas
y eclipses,
   sacudidas por espasmos
de penumbra.
    La puerta roja,
la tiniebla roja
   de un comedor,
la escamosa proliferación de la arcilla,
que es, pese a su cuerpo multitudinario,
un solo cuerpo, una agrupación arbórea de ímpetu
y derramamiento.
    Ventanas,
pupilas inversas, pasadizos
a una intimidad lábil –una tetera, una camisa sin planchar,
 alguien que lee un libro–,
heladas por la lluvia
y la indiferencia.
    Puertas, ventanas,
sucesos entre muros
o entre nubes,
   paredes que se persiguen
entre castaños, o que escapan
como criaturas lentas,
    alarmadas por el sol,
deseosas de sol, pero invadidas
de silencio,
   casas huérfanas a cuyas

fachadas, en las que se alinean las columnas
y la hipocresía,
                    acuden los cables de la electricidad
como enjambres filiformes,
casas en las profundidades de lo visible,
en las que reconozco toda álgebra y
toda turbiedad, pero cuyo reconocimiento
no altera la certeza de que son edificios intangibles,
seres que ni atormentan ni aman,
                              de que su raíz es la distancia,
de que la argamasa y las pizarras y las chimeneas
                                        y las moquetas
y los seres que las habitan –uno de los cuales soy yo–
son entelequias
o cadáveres.
            Primrose Mansions.
Prímula: la primera que florece en la estación:
su amarillo lánguido tiene prisa por morir.
Y *Rosebery Villa*: el escaramujo, un arañazo de óxido,
una eclosión imperfecta
                  en la perfección de la rosa.
Estos edificios no significan nada:
su solidez es incorpórea,
                    como la levedad en que perecen.
Al acercarme a ellos, mi piel se contagia
de su insuficiencia: también yo me empequeñezco;
también mi nombre se arruina, como la pintura
que deserta de sus muros
vegetales.
            Estas casas no están, aunque las vea
cada día,
aunque cada día, al salir de casa, se me aparezcan
con la gravidez de algo concluyente,

                    de algo como un precipicio
o una tumba: verlas cada día es la mejor prueba
de su inexistencia.
                Y tampoco yo estoy: verlas cada día
demuestra también mi desaparición.
                        Allí, una cabeza de ciervo.
El ciervo es blanco, y, como algunas pinturas antiguas,
parece mirarme desde dondequiera que lo mire yo.
Los callejones, macilentos,
se han enamorado de la basura.
La basura es pulcra como la luna,
se corrompe como la luna,
dispara las alarmas de los coches
y de las casas,
como la luna.
         andra
         ue:
así reza un rótulo callejero: un nombre amputado,
como el mío,
como la luna.
                Estas casas son trincheras inmateriales.
Las ventanas, párpados,
muñones,
se revisten de escayola
y mansedumbre; sin alterarse,
se resquebrajan; y, enteladas de ocaso,
convocan a la opacidad.
                    Las ventanas se dividen
en cuadrángulos, como esta celda con televisión por cable y suelo
                                            [radiante
en la que me abismo
en mí
      para ver lo que rehúye la mirada,

lo que se ofrece desnudamente a la mirada,
y articular cuanto carece de sustancia,
                              porque carece de amor,
porque no pronuncia palabras
                    ni se desgaja del olvido,
porque se asienta en una estructura que es
un coágulo
            y un desprendimiento.
Alexandra Avenue dice otro rótulo.
Avenida: desbordamiento de pasos que no
permanecen,
caudal de formas que discrepan
de la muerte,
              pero destinadas a morir.
Aunque no aquí.
                  Aquí cada jamba,
cada espacio cimentado es un simulacro
de fuga,
        cada ser es otra cosa,
otro farolillo moribundo,
otra rosa o primavera
junto a los desechos de las obras,
                            a las sillitas de niño abandonadas,
o los yonquis que languidecen entre paraguas desmadejados,
o los tablones que se pudren al sol acuoso
del otoño.
            Hasta los perros se resisten a ser perros,
y actúan como máquinas
                      o nulidades.
Nada hay aquí que me exonere de la nada;
no hay metáforas en las que guarecerme;
no hay luz, ni compasión, ni úteros, ni soportales.
La perversión es sinuosa como las fachadas,

y así se dirige a su fin: como una flecha curva,
                              como una flecha que
                              [no duda.
La vegetación que asoma en algunos zaguanes
duele como una mano cortada,
como una ofensa
entre carcajadas.
              (Pero las carcajadas son frías,
como el oro de los bejucos,
como los cirros que se malignizan al atardecer,
como el mar que late lejos,
                    o que no existe).
Y yo, en el cuadrángulo.
El cuadrángulo: donde conviven la comodidad
y la herrumbre,
y el silencio es rojo, como las tapias
y las amapolas,
y los ascensores trasiegan sordomudos,
y los perros siempre ladran, aunque sepan quién eres.
(Los perros lo saben mejor que las personas).
El cuadrángulo, donde el silencio
es una navaja que recorre la piel
sobrecogida y solo la abandona
cuando se ha despojado de toda fraternidad,
y la esperanza, una prímula
pronta a morir
          junto a la entrada
del aparcamiento.
El andamio que veo, desde esta ventana
a la que se reduce el mundo, es solo otra escalera
al no ser. Nada quedará
de su ascensión.
              Andamio, *scaffold*, significa también patíbulo.

Esta entereza, esta urdimbre de sílice,
esta proyección tubular
de lo que es masa y oquedad,
no conduce sino a la desmemoria,
y la desmemoria me ahoga: lo que no comprendo,
no es; lo que niega,
no vive.
      ¿Me sostienen estos adoquines cansados, estos tabiques
como ceniza?
          ¿Me transfunden, con su marchita rectitud,
el pálpito, el centelleo
            de los pies que los han pisado
o la tibieza de las caricias que han sostenido?
¿Me incomoda la sangre que los jaspea
o solo su densidad extinta,
            el oro exánime de su noche?
¿O estoy yo cansado como ellos, tatuado por idénticos aguaceros,
desquiciado por el gravitar de los minutos?
No tengo vecinos, sino enemigos.
Yo no soy su vecino: también soy su enemigo.
                    Y el mío.

[YVON HOUSE Y TODO LO DEMÁS – 7 DE ENERO DE 2014]
Vivimos en un piso que se encuentra en un inmueble rehabilitado. Antes Yvon House —así se llama— era una fábrica, como tantos otros edificios del barrio. De hecho, casi todo el barrio era una zona industrial, que albergaba, por su proximidad con el río y los nudos ferroviarios del sur de Londres, almacenes, silos, factorías y muelles. Con el paso del tiempo y el crecimiento de la población, que empujaba esas amplias y destartaladas extensiones fabriles hacia unos confines cada vez más alejados del centro de la ciudad —es sorprendente pensar lo cerca que quedaban del corazón del mundo, simbolizado por el edificio del Parlamento—, el espacio que ocupaban

se ha destinado a viviendas y equipamientos públicos. No sé qué se fabricaba o almacenaba aquí. Sí, que la reconstrucción ha sido cuidadosa, y que la planta, cuadrangular, y el ladrillo original del edificio se han preservado. Este ladrillo inglés no es tan oscuro como lo pintan, sino que cubre una extensa gama de tonos rojizos: a veces, roza el granate; otras es ocre, incluso rubio. Durante muchos siglos, ha sido el humo de las fábricas el que lo ha tiznado hasta casi la negrura; ahora son el de los tubos de escape y el de la contaminación que genera la actividad humana los responsables de que se oscurezca. Desde nuestro comedor, en el que sobreviven también tres grandes ventanas de la antigua factoría, se ven, muy próximas, las casas de enfrente. La calle es estrecha y su nombre no resulta demasiado eufónico: Warriner Gardens. Se pronuncia guorriner *(o* guarriner, *aún no hemos conseguido averiguarlo) y no tiene jardines, salvo que queramos considerar jardines los escuchimizados arriates antepuestos a algunas casas. Pero esto es normal aquí: nuestra dirección es Alexandra Avenue, que no es una avenida, y en Warriner Gardens no hay jardines. A veces me quedo mirando por la ventana lo que hacen los vecinos de enfrente. La curiosidad es un impulso natural del ser humano: cuando recae, por ejemplo, en esas extrañas floraciones que asoman en el microscopio, nos proporciona la penicilina; cuando se aplica a la vida de los vecinos, da para una película como* La ventana indiscreta *o para una entrada en un blog. Lo cierto es que me siento una mezcla de James Stewart y Henri-Frédéric Amiel. Siempre me ha llamado la atención en Inglaterra el contraste entre la importancia que se otorga a la intimidad de cada cual, a la privacidad de los ciudadanos, y la despreocupación con que muchos de esos ciudadanos muestran esa misma vida privada a los demás. Las casas que tenemos delante son antiguas, estrechas, modestas. No viven ricos en ellas. En muchas las cortinas nunca están corridas. En una siempre veo niños en pijama, una madre que plancha y un abuelo sentado en un sofá, que bebe de una taza. Los niños me miran también por la ventana, y deben de pensar que en mi piso las cortinas no están nunca corridas, y que alguien muy alto y con barba, que bebe de una taza, les está espiando. Ayer, cuando estaba de vigía, pasó el cartero, vestido de rojo. No sé si Correos se habrá privatizado ya: así lo había decidido el gobierno. El otrora legendario servicio de correos británico será ahora una empresa más, que honrará exclusivamente el principio del lucro. El cartero estuvo hablando un buen rato con una vecina, que parecía describirle, con gestos, un paquete que no había llegado. Mientras ambos dialogaban, se abrió la puerta de al lado y salió una señora en bata blanca y zapatillas de baño, que bebía de una taza. Aquí todos bebemos de taza: beber de taza es un rasgo diferencial, aunque nunca he sabido muy bien en qué se diferencia este «diferencial» del que hay en los motores de los coches. No pude descubrir por qué salió: estuvo unos segundos en la puerta, miró discretamente a la vecina y al cartero, echó otro vistazo a la calle, y volvió adentro. Presidiendo la escena, dos coches aparcados: un mini, rojo con listas blancas, y un bentley morado, antiguo pero fulgurante: el amor por los coches de los ingleses no conoce límites y se manifiesta en cualquier barrio, en cualquier rincón. Por la tarde, Á. y yo salimos a pasear por el barrio y tomamos por Warriner Gardens. Al lado de nuestro edificio hay otro semejante, aunque mucho más bonito. Es también una antigua fábrica, pero aquí la remodelación ha sido más lujosa, casi barroca, con puentecillos metálicos que conectan las diferentes galerías de los pisos, luces integradas en las paredes, plantas ornamentales y una oscuridad de terciopelo, con incrustaciones doradas: se llama Mandeville Courtyard. Algo más allá, distinguimos un negocio: McKinney & Co., que, por su nombre y la tipografía empleada, creímos una empresa de whisky. Nos defraudó comprobar que solo era una lavandería. Como para recordarnos los placeres que nos habíamos perdido, pasaron a nuestro lado en aquel momento dos gordos tatuados, descamisados y felices, que parloteaban en un inglés impenetrable y sorbían jubilosamente de sendas latas de Guiness. A esa hora, los vecinos ya no salían de casa. La oscuridad empapaba las fachadas. En casi todas las entradas se amontonaban los cubos de basura. Quizá alguien, desde alguna ventana, nos vería pasar, indolentemente, por la calle, y se preguntaría qué hacían aquellos dos mirando las fachadas oscuras de las casas, con el frío que hacía.*

[El exilio es un río...]

El exilio es un río. Ese río
avanza, retrocede, se encadena a la luz,
se estremece con la oscuridad, se inscribe
en el viento como un borbotón de lava
en la superficie derramada de la tierra,
se yergue, aunque todo
se oponga a la erección, se adentra
en el espasmo y lo transforma
en escalofrío,
    se aúna, se bifurca, se manifiesta
con la rotundidad de un bóvido, se adapta
a lo molecular y lo imposible,
a cuanto ofrece su sexo,
su nexo,
    su depósito de apetitos y humillaciones,
su boca cárdena, prisionera de la inclemencia.
Elsevier's Russian-English Dictionary.
El río es donde estoy,
donde siempre he estado,
a donde he vuelto.
     Ese río está aquí,
en las claridades que rasguñan
esta mesa en la que escribo
     y este pensamiento
con el que me desangro.
     Ese río soy yo:
fluye con la misma reticencia
con que se mueven mis labios;
se aquieta donde me detengo;
y su contenido
    es lo que encierran mis manos.

Biblioteca de Catalunya Cent 1907/2007 Anys.
El río del exilio desmantela lo que se había
coaligado, porque sus aguas tienen el color
de mis pupilas,
su misma brea,
             su acero
siempre naciente.
Silenci, si us plau. Silencio, por favor. Silence, please.
El río del exilio son también
los relojes que me arriman su aliento
agrietado, los adjetivos
con los que me trabo en una pelea
sin esperanza,
las heces
        que desmenuzo.
El bloc de la bc. Podeu accedir-hi directament des del nostre web:
www.bcn.cat/.
Ese río no conoce
desaguaderos que no viertan
en la extinción, ni se remansa en cuencas
donde el sol nunca decline,
                      ni celebra
el cumpleaños de los pájaros.
(Los pájaros agonizan, envenenados
de alegría).
Es un río
        embalsado por la ira,
en cuyas simas se desbocan las llamas de la noche,
sin otro oleaje que sus nudos
                      y sus resquebrajaduras.
Pero me transporta: viajo en sus espumas
astilladas, en los crepúsculos que me traspasan
como si quisieran penetrar en un núcleo

que no existe [nada es núcleo: todo es forma
o huida], en los peces negros
que brincan hasta la incertidumbre
o el perdón.
Aquest globus representa el planisferi celest i fou elaborat per John Cary el 1831. John Cary (1754-1835) va ésser un reconegut cartògraf anglès que començà treballant com a gravador i va acabar sent editor i topògraf.
                Yo no soy un barco ebrio
en el río del exilio, sino el agua de ese río,
el agua que me horada
y me constituye
                y me calcifica,
el agua que me anilla –y me desbarata–
como una culebra de cristal.
                        [Soy también la proa
que arraiga en lo líquido, que hurga
en sus escarpaduras submarinas].
Cabines per a investigadors.
Soy un río consciente
de morir en cada revuelta,
                    en cada meandro que me ciñe
como un escrofuloso abrazado a la cintura.
Vols llegir els llibres de la plataforma Science Direct? *Ens han regalat un* kindle *per a que ho facis! Demana'l al taulell. Pots accedir als llibres de* Science Direct *a través de l'e-cercador.*
El río transforma los paisajes
que he creado: su cáustica pleamar
confunde a los sauces de las riberas, como la melancolía
desconcierta al tiempo; sus mareas contradictorias
obedecen a la luna tanto como a
la fatalidad, y esconden, en sus pliegues,
en sus lechosidades de azabache,

criaturas derribadas,
                    espacios
en los que nunca he habitado,
                    pero que son mi casa,
cicatrices como procesionarias, como amaneceres
fracasados.
Cervantes Saavedra, Miguel de. El ingenioso hidalgo don Quijote de la Mancha compuesto por Miguel Ceruantes Saauedra. En Madrid por Iuan de la Cuesta, vendese en casa de Francisco Robles..., 1605. Top: Cerv. Vitr 1 3.
          Ahora me detengo: el río
se detiene, y contempla la que fue mi
edad,
     y la edad desaparece a los ojos,
o se afirma, pero embebiéndose
de discordia,
               fulgurante de intangibilidad.
Aquest globus terraqui és un mapamundi elaborat per John Cary el 1831. John Cary (1754-1835) va ésser un reconegut cartògraf anglès que començà treballant com a gravador i va acabar sent editor i topògraf.
Esta edad,
este lugar,
este río,
     son míos, porque se enclavan en mí,
porque se entrelazan con mi derrota y mis testículos,
pero han dejado de crearme,
de crecerme:
su carne,
su agua,
         es la condena del yo,
el reverso del yo,
               el yo constante
en el légamo de la muerte,
la extrañeza glacialmente soldada

a los huesos,
           la perturbación de un nombre
que me mira como si fuera
un huésped,
una sombra
           adversaria.
Storia della Letteratura Italiana.
El cielo y el río tampoco difieren.
Ni lo que flota en el agua
y lo que viaja
por el aire.
           Esto que digo no es otra cosa
que una sucesión de perplejidades
amamantadas por el miedo.
La realidad no se
aparta
     de este río del exilio,
a donde acuden todas las realidades
y todos los errores,
                en donde anida la perversidad
y se proclama lo inconcebible.
Catàleg alfabètic d'autors.
El paisaje que atraviesa este río
es el río.
Catàleg sistemàtic de matèries.
         Yo soy un árbol de la alameda,
y el leñador que lo tala,
y la mirada que capta ese hecho infeliz,
y el que escribe árbol, tala,
mirada,
      infeliz.
El exilio fluye conmigo a pesar de
las esclusas,
a despecho de los diques

y las cascadas,
            abrazado a la seguridad
de fluir. Nada lo desmiente: ni el fuego,
ni el vacío,
        ni los rascacielos.
Cuadernos Hispanoamericanos.
El río del exilio se conduce como el cemento:
explora,
        unifica,
se dispersa con la despreocupación de lo que no conoce
mudanza, sino solo decadencia.
El río del exilio es una puerta siempre cerrada,
una obstrucción arterial,
un hueso supernumerario,
                    un esqueleto vivo.
M. Sarmiento. Obras lingüísticas. II. Catálogo de voces y frases de la lengua gallega.
El río del exilio se acerca a la muerte
como quien saluda a un amigo: irriga la soledad
como la infamia abruma
a los hombres, y obra
con la incuria de un animal ciego,
despojándose
de amor,
        abrasándose de amor.
Dictionnaire Illustré Latin-Français.
Sabe que esa muerte será este día,
y después otro,
y después muchos,
                como piedras
o besos abolidos,
como esas piedras
                y esos besos

con los que entrechocan sus átomos,
y que ese encadenamiento
                    no redimirá el hecho de haber nacido,
sino que lo perfeccionará con una certidumbre más amarga,
lo convertirá en una tortura minuciosa –de manos que escriben
                                                [sin porqué
y mundo que existe sin esperanza–, cuya práctica
ilumina un sol
            sin luz.
Zona de treball intern.
El río del exilio está contento, porque sabe
que la muerte es siempre,
como el tenebroso cabrilleo
de su caudal.

[EXTRAÑEZA – 9 DE MAYO DE 2014]
Vuelvo a España y siento un pinchazo de extrañeza; es un pinchazo creciente: será que cada vez me adapto más (no sé si mejor) al nuevo lugar donde vivo. Aterrizo en Madrid, y se me hacen raros la forma de vestir y de peinarse de la gente, cómo se mueven, los rasgos de las caras. También la pequeñez de las estaciones de metro, en la que nunca había reparado: parecen de juguete. Mientras espero a M. Á., mi amigo mexicano, junto al oso y el madroño de la Puerta del Sol (aquí he quedado con él, para que no nos perdamos, como quedaban los paletos que visitaban la capital en las películas de Paco Martínez Soria o Alfredo Landa), observo al paisanaje sin aprensión, pero con cierta distancia. Un abuelo pitufo se pasea por entre los turistas, haciéndose el simpático, con la intención de sacarles algunas monedas. Los japoneses se hacen fotos junto a la estatua, pero apenas alcanzan a rascarle el talón al oso. Siento un microbombardeo de fragmentos de conversaciones: «Sí, hay que ir al notario para...»; «y el muy cabrón va y me dice...»; «hostia, a ver qué hacemos este fin de semana...»; «¿vamos a ver a la abuela...?». Cosas cercanas, pero que hoy

me resultan un poco menos reconocibles. Cuando por fin nos encontramos, le confieso la extrañeza que siento de estar en mi propio país. Él me confía, en cambio, lo comunes que se le hacen muchos señores de Madrid, «chaparritos y con su pancita». Y es cierto: se ven algunos vientres dignos de donarse a la ciencia. Antes de ir a comer, M. Á. y yo vagabundeamos por la feria del libro de ocasión, en el paseo de Recoletos. Ha sido una sorpresa y un placer encontrar los tenderetes aquí. Rehúyo algunos puestos: los de cómics y libros gráficos; los de Barcelona, que ya conozco (y he sufrido); aquellos que encelofanan los libros, como aplicándoles un cinturón de castidad, e impiden hojearlos, que es uno de los mayores placeres del comprador de libros viejos; y el de la editorial Renacimiento, cuyas novedades no compro bajo ninguna circunstancia. Por fin, y aunque me he propuesto limitar el gasto, no puedo evitar la tentación de adquirir un par de volúmenes de César González-Ruano, un escritor al que estoy enganchado, por más que cada vez tenga menos dudas de su deplorable catadura moral; un librito de artículos y ensayos literarios de Marià Manent, uno de los escritores más finos de la literatura en catalán del siglo XX; un poemario breve de un autor amigo, con una dedicatoria autógrafa a otro autor, que ni siquiera ha tenido la misericordia de arrancar la página con la dedicatoria antes de vendérselo al librovejero (siempre que me encuentro con estas pruebas de la incuria emocional de la gente, recuerdo aquella genial anécdota de otro mexicano, Avalle-Arce, que, al encontrar en una librería de lance un libro suyo dedicado a un amigo putativo, lo compró y se lo volvió a enviar al camarada con una segunda dedicatoria: «A fulanito de tal, con renovado afecto»); y, por fin, una edición facsímil de Lusitania, un volumen del ultraísta Rogelio Buendía, el primer traductor de Pessoa al español, con sus impresiones de viaje por Portugal, publicado por Renacimiento: si el libro es de segunda mano, no me importa adquirirlo, porque no da beneficios a la editorial (...). M. Á. y yo nos vamos a comer al Óliver, un restaurante cercano, en la calle Almirante. Ocupamos una mesa que da a la calle, que bulle de sol, que brilla con ligereza. La gente pasa ya con poca ropa, aunque los muchos trabajadores de la justicia que merodean por aquí vistan todavía chaqueta y corbata. Entre ellos, distingo a Sanz de Bremond, uno de los abogados más famosos del país, y antiguo adalid de causas progresistas, aunque últimamente ande más apagado –ya casi no sale en la tele–, que pasa por delante del restaurante con su legendaria cabellera blanca y un borselino de 200 euros. Se lo digo a M. Á., pero no me hace mucho caso: está ocupado reclamándole al camarero que le traiga ya la cerveza que le ha pedido: «¡Que se te va a calentar en la mano!», le grita, angustiado. Por la tarde presentamos José Hierro. Los sentidos de la mirada *en la Fundación Centro de Poesía José Hierro de Getafe (...). En el auditorio se reúnen unas 25 personas, lo que puede considerarse un éxito de público. Tras la presentación, nos tomamos unas cervezas y volvemos a Madrid a cenar. El lugar elegido, cerca de Atocha, es un local gallego, Maceiras (...). Vuelvo a sentir la misma extrañeza que a la llegada, pero ahora nocturna: la azulejería de las tabernas, los grafitis multicolores en las paredes y las persianas metálicas, el olor a calamares y aceite de oliva, los jóvenes que actúan de reclamo en la calle para que entremos en sus garitos –una nos ofrece un chupito gratis, y M. Á. entiende «una chupadita gratis»: lo saco de su error–, la disposición de las terrazas y los neones: todo se me hace otro. El pulpo a la gallega que nos asestamos en Maceiras, no obstante, sigue siendo muy reconocible y familiar. Nos lo sirve una camarera rubia que parece ucraniana, pero que es de Cambados. Al volver a casa, por la calle de Huertas, me fijo en varias placas, en las fachadas, que recuerdan a escritores que vivieron allí, como León Felipe, un autor tan interesante como olvidado, y en los poemas inscritos, en letras metálicas, en el suelo: son fragmentos de Quevedo, de Lope de Vega... El contraste es fuerte: en los inmuebles, alcoholes, minifaldas, zumba; en el suelo, endecasílabos graves. Pero está bien que se pise la poesía, y que se desdeñe, y que se ensucie, como cualquier otra cosa real, viva, de la vida.*

[El olvido empieza...]

El olvido empieza con un ojo que mira.
El pasaporte dice quién soy. Yo lo ignoro.
Mi fotografía habla de mí, pero es otro,
o nadie.
        Esta sala me convierte en nadie.
La medida del tiempo, tasado como un maldición,
anula el tiempo.
          Este papel informa
de mi voluntad,
      de la argucia
con que pretendo sustraerme al desamparo,
del viaje inminente
a donde no haya viaje,
          a donde solo subsista
el cimiento vacilante de pertenecer.
Me hacen otra fotografía,
y desconozco su destino, como desconozco
el mío.
      ¿Irá la foto a donde vaya yo,
o permanecerá en este archivo volátil,
en esta penumbra halógena,
cuya sonrisa administrativa
            es otra hechura del mal?
Cada formalidad por la que paso
es un pájaro que no veo.
La cadena de montaje del olvido:
              yo.
La sucesión de polímeros y guarismos
y metacrilatos:
      yo.

No es un día lo que vivo, sino la contractura
impalpable del día,
      su cristalización
en eclipse, su desmoronamiento
fractal.
   Gotean las horas: se agigantan.
Gotean los minutos: sangran. Y, en su hemorragia
cronometrada, desertan del recuerdo
y de la sangre.
     Son grilletes matemáticos
estos actos políglotas,
este fogonazo abstracto,
estos hexágonos sin cuerpo,
o solo cuerpo,
     o mutilación.
Sigo siendo un papel, una fotografía,
unos pasos,
    una soledad.
Cuanto más soy yo,
menos alguien soy;
cuanto más me reconocen,
menos me conozco.
      Me quito el cinturón,
me quito los zapatos,
me quito la piel,
    me quito.
No se oyen lamentos: se han
helado en las gargantas
calientes;
   se han extinguido,
aunque amenacen con ahogarme.

Estos mecanismos escanean
nuestra quietud
                y la desfiguran.
Estas cintas nos transportan a donde
no hay nadie,
                a donde ni siquiera nosotros estamos.
La pulcritud de la supervisión
(guantes de látex, corazones de látex,
sombras de látex)
                    hace que quiera ensuciarme:
revolcarme en los desechos de las palabras,
injertar en lo codificado pedazos
de exasperación
                y hemoglobina.
Me obligan a afirmarme:
a huir.
      Esta noche seré otro:
miraré la cama en que me acueste
y reconoceré otros cuerpos, con mis angiomas,
con mi estupor,
bregando en sus eriales,
germinando,
            muriendo.
Ahora veo despegar los aviones
como si despegaran de mí,
como si yo despegara
                de cuanto me salva.
Huelo, de repente, fragancias suntuosas.
Requiero a mi olor, lo persigo
en el entramado de aromas domésticos
que me constituye,
              pero no aparece:
es la destilación de la nada.

Me han hecho nada: me han dotado
de la monstruosa inexistencia
que otorga la identidad.
      Ya no sé qué acaricio
cuando estoy dormido, ni en qué pecho me refugio
cuando llueve, ni a qué destrucción se encaminan mis pasos,
ni qué hambre me alimenta,
ni cuántas manos han moldeado mi memoria,
ni qué palabras gritarán mis poemas,
ni si habrá poemas
o este solo respirar
      arrancado a la noche,
acunado por el granizo.
Las cintas siguen circulando,
como yo.
   Los aviones continúan despegando:
desaparezco cuando desaparecen.
        Y en la sala,
transcurridos todos los accidentes
(convertidos los accidentes en singladura),
me reencuentro: solo estoy yo,
aunque a mi alrededor se reúnan los miembros
registrados, verificados, inspeccionados,
los miembros sin rostro, a pesar de tantas caras,
las soledades que estañan
      mi soledad.
En la sala, que es como el último estómago
de los rumiantes, donde solo confluye
lo líquido,
lo óptimo,
   lucho por rehacerme,
aunque los fragmentos escapen como los aeroplanos
o cabalguen el aire como los halcones.

Me desasosiega la homogeneidad de los mármoles;
me ensombrece la blancura de las paredes;
me incomoda la hipocresía de las cosas: hostiles,
                              pese a su
                        [apariencia amable.
Me han despojado de lo único que era mío:
la vaciedad,
          y veo sus pétalos
posarse en estos cristales tenebrosos,
que presagian
la inconcebible extensión de la nada
en cuyas olas soy.
                    Carezco de facciones,
de continuidad: lo infinitamente medido
me ha desposeído de medida.
                          Y apenas capturo
otra vez mi nombre, extraviado
en esta luz unánime;
y apenas recobro el músculo,
el semen,
       la melancolía,
aturdido por este sembradío de protocolos
que me envuelve como un útero de ebonita,
por esta asepsia obscena.
                     He derivado, en esta sala,
bajo estas nubes que prefiguran mi mortaja,
en un tiempo sin tiempo,
en una realidad sin mundo.
                      Comparto la derrota
que transmiten las caras. Yo también soy una cara
abstracta,
      doliente.
Mi tierra es otra.
El olvido ha empezado.

[VOLANDO VOY – 21 DE ABRIL DE 2014]
Antes, en ese periodo indeterminado que comprende desde la adolescencia hasta anteayer, volar era un placer. Recuerdo aquellos billetes impresos –printeados, me dijeron una vez*–, rojiblanquinegros, que te daban en las agencias de viajes y en las oficinas de las compañías aéreas, y lo divertido que era presentarse en el mostrador de facturación, pasar el control de policía –que, comparado con los actuales, era como el túnel de la bruja en un parque de atracciones– y acomodarse en el avión. Digo bien: acomodarse. Luego venía lo mejor: te daban almendritas, refrescos, chucherías y hasta una comida, si el viaje duraba lo suficiente. Eran los tiempos en que ser azafata casi equivalía a ser modelo: en España, al menos, la mitología de la aeromoza (qué gran palabra) competía con la de la sueca; y en que mucha gente se ponía corbata para viajar en aeroplano. Uno de mis primeros recuerdos es, precisamente, el de mi primer viaje en avión. Yo debía de tener cuatro o cinco años, e iba con mis padres a Mallorca. Mi familia era pobre, y aquel viaje suponía un acontecimiento: nuestra primeras vacaciones juntos, en una isla, ¡y en avión! Quise ventanilla, naturalmente, y estaba empeñado en abrirla: no entendía por qué no podía darme el aire mientras volábamos. Luego, me pasé el viaje (esto ya no lo recuerdo, pero mi madre no lo ha olvidado) preguntando cuánto faltaba para llegar e incordiando a los vecinos. Supongo que aquel no fue un viaje divertido para mis padres. Hoy no lo es ninguno. Todos hemos sufrido y hasta denunciado, en algún momento, las incomodidades del turismo aerotransportado. Son más que incomodidades: son indignidades. Tener que quitarse el cinturón y los zapatos, y pasar descalzo y sujetándose los pantalones por un arco detector de metales, para ser cacheado después –los arcos detectores de metales son muy susceptibles, incluso cuando uno no lleva metales– por un señor con guantes de látex, como si uno fuera un* boy *–y no, no lo es–, debería estar prohibido por la declaración universal de derechos humanos. Por no hablar de esas cápsulas de rayos X que te ven desnudo, aunque vistas anorak. (Hace algún tiempo, en*

Heathrow, saltaron las alarmas con un viajero proveniente de los Estados Unidos llamado Jonah Falcon. El escáner se sobresaltó ante un bulto enorme que el hombre ocultaba entre las piernas, y, como ya se habían dado casos de terroristas que intentaban entrar en un avión con una bomba en los pudenda, *lo separaron para cachearlo. Entonces descubrieron que aquella protuberancia que parecía un misil tierra-aire era natural: Jonah Falcon es el hombre con el pene más grande del mundo, según el libro Guiness de los récords). Los aeropuertos, hoy, son horrorosos, aunque sean obra de los arquitectos más afamados. Por más mármoles y cúpulas prodigiosas que luzcan, son espacios hostiles, donde todo está diseñado para triturar tu humanidad; lugares en los que todo parece ser tiempo –el necesario para pasar los controles, el de embarque, el de salida o llegada del vuelo–, pero que, en realidad, carecen de él: lugares acrónicos, donde ningún devenir arraiga, donde nuestra vida parece aislarse de todo suceso efectivo, de toda ensambladura con las cosas, con el mundo. Los aeropuertos, de hecho, son no espacios: son burbujas sin suelo, paredes inmateriales, negaciones del estar. Lo peor, no obstante, no son los aeropuertos, sino el viaje en sí, en el que todo está milimetrado, cronometrado (otra vez ese tiempo sin tiempo), controlado, encajado, mecanizado, industrializado; en el que no queda espacio para la turbulencia y la indocilidad humanas: para ser personas, simplemente, y no meros engranajes de una cadena de montaje que no admite ninguna torcedura y ninguna expansión. Ayer volamos con Vueling de Barcelona a Londres. Vueling debe de ser la compañía aérea cuyos aviones tienen los asientos más estrechos del mundo. No resistí la tentación de medirlos: un palmo exacto de mi mano (25 centímetros) desde el final del asiento propio hasta el respaldo del de delante. Veinticinco centímetros: ahí debían encajar mis fémures. Por imprevisión, no habíamos facturado por internet, y, cuando llegamos al mostrador correspondiente, descubrimos con horror (sobre todo yo) que solo quedaban asientos separados, y en el medio. Sin el aliviadero del pasillo, por el que mis piernas se estiran hasta los asientos del otro lado, dos horas y cuarto de inmovilidad, con las rodillas aplastadas y sendos desconocidos de carnes generosas a ambos lados, son una tortura menos espectacular pero casi tan dolorosa como una picana en los testículos. Sin embargo, la fortuna es a veces misericordiosa, y esta vez quiso que mis compañeros de fila fueran una pareja de japoneses a los que el sistema informático de Vueling había asignado, por razones ignotas, dos plazas separadas: en la ventanilla y el pasillo. Les ofrecí desinteresadamente la mía, para que pudieran estar juntos, y ellos aceptaron, muy agradecidos: el hombre hasta me hizo una reverencia muy nipona, que no me atreví a devolver. Aquel caballero, además, presentaba otra característica oriental: no peleaba por el reposabrazos. Es muy desagradable pasarse un viaje enzarzado en la disputa silenciosa, pero feroz, de ese espacio exiguo, sobre todo porque, si uno ha tenido la suerte de establecer con el codo una cabeza de playa, ya no lo moverá ni un milímetro de ahí, para que el adversario no lo ocupe inmediatamente con el suyo, y el resultado será una congestión terrible: con el brazo, inmóvil como una piedra, dormido y la circulación detenida, es posible que suframos una necrosis y, si el viaje es lo bastante largo, una gangrena que requiera la amputación. En el vuelo de ayer, mi adorado samurái no solo me entregó pacíficamente el reposabrazos, que ocupé, con despreocupación, durante todo el viaje, sino que incluso apartaba aún más sus extremidades si, con mis movimientos, que eran más bien contorsiones, llegaba a rozarlas. Pese al inesperado alivio que este azar me deparó, la incomodidad seguía siendo mucha. Y entonces un azafato, cuyo inglés me recordaba mucho al de una* drag queen *a la que escuché una vez en el carnaval de Cádiz, dijo algo digno de figurar en el frontispicio de un cementerio: «Es hora de ponerse cómodos y disfrutar del viaje». Ponerse cómodos y disfrutar del viaje en aquellas circunstancias era como dormir en una tabla de faquir, si uno no es faquir, o como extraer una hebra de inteligencia del balbuceo de un político español: imposibilidades metafísicas. Me pregunté entonces si no hay, entre la pléyade de ejecutivos y asesores bien pagados de Vueling, alguno que repare en la obscenidad de semejante exhortación: yo la sentí como una burla, casi como una ofensa. Claro que, luego, ese mismo azafato siguió deleitándonos con un lenguaje que revelaba la suciedad del pensamiento que lo generaba: «Mi nombre es...», dijo, con grosero (aunque generalizado) anglicismo, en lugar del muy castellano y muy natural (y ya casi olvidado) «Me llamo...»; y también: «los aparatos electrónicos no pueden tener conectividad...», con esa sintaxis nuevamente americana y el repugnante polisílabo final, que parece darle más empaque al mandato, en lugar del elemental «no enciendan los aparatos electrónicos»; y, por último, con inenarrable gracejo aeroportuario, «este* vueling *tiene prevista su llegada a Londres a las...», lo que suena la mar de divertido e informal (pese al nuevo estiramiento sintáctico: «prevemos llegar a Londres a las...»), aunque a mí ya me costaba apreciarlo, porque el culo me dolía, y sentía un preocupante hormigueo en las piernas, y el pasajero del asiento de delante se había echado para atrás, lo que suponía tener su colodrillo en el gaznate, y los otros aeromozos y aeromozas me agobiaban con el carrito de las bebidas que no dejaba de circular por el pasillo, para que la gente comprara mucho y aumentaran así los beneficios de la compañía. Cuando llegamos por fin a Gatwick y desfilamos para abandonar la cámara de tortura, siguiendo el protocolo habitual, una azafata nos esperaba junto a la puerta para despedirnos. Muchos pasajeros, y yo también, le dábamos las gracias, pero luego me pregunté por qué habíamos de agradecerle que nos hubieran tenido dos horas largas embutidos en aquellos nichos para gnomos, dándonos órdenes como robots y vendiéndonos bebidas a precios astronómicos. Creo que, en mi próximo* vueling, *voy a abstenerme de hacerlo. Será mi forma silenciosa de protestar. No tengo otra.*

Estampas del destierro

La garza, posada en el alambre,
es continuación del alambre.

La garza parece preguntarse
qué hace ella
entre cisnes y gansos.

[Haikú de la garza solitaria]

Estanque helado.
Una garza solitaria.
Espantapájaros.

*

Cuando el perro persigue a la ardilla,
la ardilla persigue al árbol
y el árbol persigue al cielo.

El perro electrifica
la simpatía de la ardilla;
y casi la cortocircuita.

La ardilla no distingue sonrisa
de mordedura.

Chirría el árbol.
No: chirría la ardilla.

El coche: búnker de la ardilla.

[Variaciones sobre la ardilla en movimiento]

Una ardilla cruza la calle.
Ondula el asfalto.

Una ardilla a la carrera: sinusoide.

*

La barca, desterrada en el agua.

El pato no se moja en el agua.
La luz tampoco:
rebota como si fuese piedra.

Una barca tan vieja que se está convirtiendo en isla.

Cuando baja la marea,
el limo estrangula al agua.

El tren que cruza el río
es la urdimbre de la trama.

El tren que cruza el río
contradice al río.

De noche, el río es blanco.

*

De noche no es el puente lo que une las orillas:
es la luz.

Las picaduras de las grúas sangran
luz.

La luna llena
llena de vacío
el mundo.

(La luna llena
llena el vacío
del mundo).

La blancura de la luna
reverdece
el bosque.

*

Un niño blanco entre niños negros:
no es distinto.

Mujeres con chador:
la viva imagen de la muerte.

La judía ortodoxa es la única
que no parece un judío ortodoxo.

Los blancos juegan en la pista iluminada;
los negros, en la hierba, a oscuras.

*

El cisne camina
como si llevara botas.

El pan vuelve feroz
al cisne.

*

Cree la gaviota
que la pamela
es otra gaviota.

El cuervo despioja la hierba.

La gaviota envidia al cuervo
la elegancia; el cuervo, a la gaviota,
la blancura.

Urraca: carraca.

Anda la urraca
como si la hierba quemara.

Hierba blanca:
gaviotas.

El paseador de perros imparte órdenes.
Grazna un cuervo.

El graznido del cuervo
se refleja en el agua.

Bebe el cuervo
del asfalto.
Agua negra.

*

De noche, en el quiosco de música
solo se oyen los violines de las abubillas.

La sinfonía espectral del quiosco de música
sin música.

*

En la hierba pululan los insectos, se tienden los amantes,
corren las pelotas, crecen los narcisos.
Debajo hay tumbas.

     Iglesia vieja de San Pancracio
¿Dónde acaban las lápidas
y empieza el árbol?

     Cementerio de Brompton
El esqueleto de la modelo
a la que fotografían
está muy vivo.

*

En las cabinas de teléfono
anidan los murciélagos.

Una sombra anaranjada entre los cubos de basura:
un zorro.

Los caballos que monta la policía son más grandes
que los de las estatuas de los héroes;
y se mueven.

*

Alguien con bolsas de supermercado
entra en el palacio que es la casa.

332, el número de la casa:
ocho patas: una araña.

Lo que sostiene el pórtico de la mansión
¿son columnas
o personas?

*

¿Qué gota, de todas las gotas que caen,
cae en el centro del mundo?

El cielo, gris.
El río, gris.
¿Cae la lluvia
o se levanta?

Ruge el rayo.
Llamea el trueno.
La lluvia, indiferente.

*

No se entiende al mendigo:
el alcohol le ha consumido la voz.
Pero lee a William Blake.

Sentada en un banco, frente al río,
rodeada de bolsas,
entre montones de nieve blanca,
una mujer negra.

Los dientes cariados del pordiosero
le manchan la sonrisa.
No obstante, sonríe.

El mendigo da los buenos días
a todo el que entra en la estación.

*

Los corredores agonizan de pie.

Los ciclistas, espeleólogos de la velocidad.

No es que el ciclista esté delgado:
es que le falta una pierna.

El gaitero:
kilt
y *keds*.

Gente.
Hablan,
ríen,
cerveza.
Nada.

La negrura de la cerveza
refleja la negrura del cielo.

Cuatro barrigas y tres mostachos
toman café a la puerta de la pizzería.
¿Sicilia? Londres.

El abuelo bebe de una taza.
Un niño brinca en el sofá.
Alguien pasa el aspirador.
La ventana indiscreta.

                              Remembrance Day
En noviembre, florecen las amapolas en las solapas.
Hasta en las de los maniquíes.

La cuidadora le habla en ruso;
el anciano responde en inglés.

Las cuatro chimeneas blancas de la vieja central eléctrica:
las patas tiesas de un enorme antílope abatido.

En la tienda de té
el aire parece follaje.

Un perrito precede al minusválido
como si un poni tirara de un carruaje.

La desoladora soledad de un guante solo.

Bosque.
¿Londres?

*

La lluvia no apaga el arce:
arde, empapado.

Arce:
llamas
y huesos.
Respiran.

*

En el metro
se aprende a amar el vacío.

En el metro, una mujer a un hombre:
«Su olor me ofende».

*

[ESCENAS EN UN PARQUE]

Las normas del parque exigen
que las mascotas vayan atadas.

La señora respeta la ley
y todas las tardes, bien sujeto a la correa,
saca a pasear al gato.

No sé si los ojos verdes del gato brillan
porque le gusta que lo lleven al parque
o porque no le gusta que lo lleven atado.

Para el coche:
pasa un ciervo.

No intranquilizan al ciervo
ni los ciclistas que pasan
ni la escandalera de los perros.

Los plátanos se encaraman al cielo
como si nunca tuvieran bastante azul.

La silla de ruedas del perro que pasa
es solo ruedas.

En la inmensidad vacía del parque,
alguien en silla de ruedas
me saluda al pasar.

Amapolas: mariposas varadas.

Burbujea el barro: un ratón.

El esquelético desdén de los árboles por las hojas muertas.

Cuando llega el remolino,
las hojas caídas levantan los brazos
y, frenéticas o jubilosas, echan a correr.

La hojarasca entierra el camino,
pero el camino late en los pies.

(La hojarasca entierra el camino,
pero el camino, río quieto,
resucita).

Un tocón en el suelo,
pezuña de elefante.

Las farolas
rocían niebla.

En las farolas
se ovilla
la niebla
amarilla.

El sol desgarra las nubes
como si se estuviera ahogando;
pero soy yo el que se ahoga.

El canto del petirrojo
interesa las sombras.

El pato
engulle un trozo de pan
al lado de un cartel
que prohíbe dar de comer a los patos.

En el jardín tropical
cantan las garzas,
pero yo oigo guacamayos.

La galería de arte
que antes fue una estación de bombeo
parece un torreón medieval.

Clamor cuchillo

    Clamor cuchillo
                  el sueño es una celda
                  en la que las alas no encuentran
                                        su aire
            aire derrota a las alas
y yo sin mundo
          con un mundo atroz
                        impasible en el sufrimiento
    naufragado
            en esta quietud sin otro
arrancado
       como una planta innecesaria
                    la rosa rota por el rayo
       clamor solo
                            multitudinariamente solo
       clamor excremento
insecto que se refugia en la sangre
                                no sangre
     sino esputo
             artefacto abominable
   arremolinado en lluvia
                            se desgarran las nubes
en días
       corrompidos
             se destaza la lámpara
y el alma si es que existe
                     desnuda este triste lenguaje
de ser
    sus vergüenzas ovacionadas
                   por el tiempo

        se anuda lo que no tiene cuerpo
                              a lo que huye
            y todo
            huye
                      porque
          nada
          es
se parten como lápidas las nubes
                          clamor devastación
       una grieta recorre siempre
       siempre es un lugar
                         una expulsión
este vino vesicante
            con el que combato el amanecer
esta triquiñuela de la escritura
                 que es un consuelo idiota
otra estrategia adoptada por la muerte
                     esta lucidez que confiere el
                              [dolor
cuando la carne se cuartea
              y se dinamita
      nuestro reflejo
                        en los charcos
no hay espejos bastantes en el mundo
para reflejar mi oscuridad
              el espejo tose
    las casas se hunden
    porque los gritos que no doy
                     las socavan
y solo sigue en pie
       la casa que me destierra
                          helesponto de mugre
rescisión del tacto

                              sembrado de espuelas
            que se coordina con la muerte
que aúlla olvido
                                      cuyo clamor es tan cierto
tan ciego
como el cataclismo del día
                        o las criaturas abatidas
            por la memoria que muere
en cada inacción
                en cada nacimiento
esta es una casa en la que nunca ha vivido nadie
clamor espasmo
                  jamás proferido por nadie
el quebrantamiento de la condena de respirar
        la leche negra del alba
                                    la omisión
de toda benevolencia
                    desaparecida en un aire enlodado
como el redoble de las campanas
o el estertor
          de los vivos
                      no sé deletrear
      este alarido
                                  que permuto por el fuego
  no sé qué otra humillación
                    ha de ser mi piel
para que se renueve el deber
de existir
          ni el parto de la muerte
                              clamor llaga
        clamor   oasis
                  clamor
que me nombra   que me difama

                  porque ninguna garganta es mía
ni siquiera esta con la que pronuncio
                            tantas cosas insignificantes
                                            no sé qué
página o sombra o quemadura
                                      me constituye
                  el cuerpo es una
superficie en blanco
          en la que arraigan
                          lo que dicta el horror
      la destrucción de hoy
      la destrucción de mañana
                    la flor enajenada
por el ascenso del caos
                  o arrancada por perros sin dueño
     el agua enterrada
                      eternamente escarnecida por la luz
     y la negrura
         este cuerpo
está cruzado por cataratas
      de actos incomprensibles
                          por olores atarazados
por huevos que eclosionan
               y de los que nacen
     tormentas
                      por lágrimas
                      que se clavan
                      como escarpias
combato la contractura del cuerpo
      lo aguija un ácido
                          destila el veneno de la decrepitud
      lamo sus llagas hasta que reverdecen
                      las acaricio hasta la eyaculación

    alfileres enjambran en el corazón
                          y lo sustituyen por moho
        clamor abandono
        clamor insomnio
                    nocturno
como el ultraje de los días
                                    calumnia y lluvia
          clamor descoyuntado
     entre los dedos incapaces de atrapar
                                    lo posible
            que acompaña el desgarro interminable
de lo que empieza
               colgado en el patíbulo
de la mirada
          como si pudiera atisbar
                        otro mal
otro mundo
        y nada nos recordara a nosotros
salvo la multiplicación de la tala
              y el deshuesarse de los huesos
              y la putrefacción de lo imperecedero
   desbaratar la suavidad homicida
                            de lo común
      esparcir por los órganos
la salmuera del mal
                la orina que bebemos
       y morir en esa escocedura
naciente
      clamor agonía
                puerta sin otro umbral que la ausencia
                razón blanda inteligencia desahuciada
    clamor cadáver
          que me empuja

a la cárcel de lo poseído
        al recinto de lo que ignoro
               mi patrimonio
     a la heredad turbulenta
de amar
   y no saber quién ama
         ni quién es amado
    estoy aquí
    pero antes
         pero nunca
y clamo
    clamor oración
             a ningún ente
que no pueda ser derrotado
        a ninguna bestia que no se parezca
a mí
   a ninguna convicción   incapaz de destruirme
      no oigo el clamor
            no reparo
en los cuerpos que me escupen
         o me alertan de la orfandad
a la que he de llegar
           o me infectan con sus fluidos
   y su desamparo
      o me inseminan
    con su fragua
            no veo lo que digo
porque lo que digo no tiene ojos
        ni relámpagos
    en los que recostarme
    y descansar
       todo lo alzado

                    es
                                            una caída
el hielo que se acumula en las uñas
el balcón donde las madres cuelgan los pechos
                            como tiestos multicolores
                            o cabezas cortadas
        las melladuras del cielo   la necrosis impaciente por
                                                    [manifestarse
                la creencia que es solo devastación
el hijo arrojado al tiempo
                        todo lo alzado
        y lo hundido
                    se opone a la permanencia
golpea el vientre de la fragilidad
se convierte en río sin mar
                    en mar sin fuentes
        y el borboteo de las entrañas
imanta las horas
                su clamor se pierde en un laberinto
                de indignidades
                                cuyo centro soy yo
yo soy este clamor indefinido
                        arrastrado a los predios boreales
        yo soy los líquenes que veo
                            lesivos
como el silencio
            y el gentío
            que copula con la nada
                                    soy también
                fiebre que eructa
este dolor anegado de tedio
                    esta luz deshabitada

esta transparencia negra
            este tiempo que se revuelca en el vómito
  estos borborigmos
            este desolado hacer sentir pasar vivir
                                    ser
        soy
            este clamor
  castrado
                                    este desmayo
de la verdad
    lo que ramoneo y traduzco
            lo que gloso y parafraseo y plagio
        yo   escoliasta de
                                    [la abominación
            lo que reconozco contra toda apariencia
cuando cae la noche
        que miento
    que no sé
            que ardo en la hoguera de la indecencia
  soy lo que queda en las aceras
                            después de que pasen
        los perros
        y los tontos
  soy lo inacabablemente momentáneo
  lo expelido por la futilidad
  lo que se quiebra cuando todo lo demás se recompone
                    a la espera de que la fractura sea
                                    [universal
        lo harto de confinamiento
                    y oblicuidad
    lo aterradamente solo
    en el centro mismo
                de lo ido

        lo que se corrompe aun en lo incorruptible
        lo unánime en lo disímil
                      la tristeza
     en la celebración
                         clamor hoy
clamor   que discurre   por una planicie
de iniquidad
                     clamor después
                                 estela
de un movimiento
                    que nunca se abandona a la alegría
sino observador de la catástrofe
           vigía martirizado por el tiempo
                  con las tripas encendidas
      con el sexo desnucado
           afligido por un sinfín
   de mordazas
           con la cara tapada por
     tentáculos
             que parecen voces
                       o trepanaciones
con todas las latitudes del aliento
                    absortas
     en el asesinato de los días
                             clamor
indiferente a las espinas
              que lo castigan
       al vaho lúgubre que lo amuralla
pero sensible al mar
cuyo clamor son cristales
                    o formas aún imprecisas
         clamor mecanismo
     clamor hierro

                                       unidad sin concordancia
                         azar obligatorio de la muerte
                vida muerte inversa
                                                  tierra cuarteada
por las convulsiones de sus pobladores
apocalipsis nacidos del ansia
de crear
                                  de amar
                 ritmos negros
        a   los   que   me   aferro
como si sobreviviera a una riada
                           o me envolviera un sudario de besos
                     o me acuciase la voluntad
de existir
                       es aciago
                                                  es infamante
             este bullicio
                                  de cuervos
y escarabajos
                  este abismarse de las cosas
                  en el hueco
                            que han dejado las cosas
        sigo clamando
        pero no en el desierto
                            sino en algo
menos habitado aún
            l   a   c   i   u   d   a   d
una ciudad de llaves que no abren
y ríos que no ríen
y narcisos que no amarillean
y dioses sin creyentes
                       y creyentes sin otro dios
que la creencia

        estricta como un pistoletazo
                                  clamor
  clamor
       amor
            clamor
                dolor
  expurgo las mañanas
y supuran vacío
      enmiendo las palabras
                            las exhumo
                  me entregan sordidez
    acaricio la mierda
          la salvación
                    desvelar lo oculto es
                        [imposible
separar el sonido del hueso
           significa desgajar la noche
    de su eje
        descubrir lo que se esconde
en los pétalos
      es una amputación
    aunque la amputación sea otra forma
                      de crecer
        disociar los sueños de su estiércol
  atrae un vivo malestar
    destapar un rostro y ver en su interior
       supone siempre
          descubrir una máscara
                    yo me arranco
      la piel
como si fuera agua
     para que exude el pus que la nutre
  me confieso

            me derramo con cada sustantivo
                                           semen podrido
                                   para fracasar más
                    para sangrar mejor
       soy pródigo
                                                    en náuseas
                   que transportan
            mi nombre
                              y lo arrojan
a otros muladares
                        decapito las manos que me solazan
                        desorganizo
                                         el mosaico del pecho
                      construido
     con quebradura y deshonra
                                  y siempre aparece un mosaico
                                                         [peor
                    construido con reflejos de Narciso
y materiales ruidosos
                            y derrubios de amor
         conmigo se desploman
                                    el sol
      los mosquitos
                                       la página
                                                        el trueno
                  conmigo
                                                  me desplomo yo
                       las cuerdas se han aflojado
       en los vasos no queda nada
                              el azul se degrada en una sucesión
                       de untos
    sombríos
                clamor

					clamor tedio
clamor prisión
							clamor cadáver
				clamor silencio

Otros exilios

[Verde es el mundo...]

> *¿Por qué temer, entonces, a la muerte?*
> *Igual que el Sol, ¿nos cegará la vida?*
> José María Blanco White, «La noche y la muerte»
> (traducción de Esteban Torre, 1988)[1]

Verde es el mundo, verde como estas nubes azules, como el oro de este día que ya se desnuda en oscuridades de estaño, verde como el océano que roe a la tierra, hasta dejar a la luz sus huesos sulfúricos. Esta luz blanda me ensaliva el corazón: es el techo bajo el que he de morir. Pero ¿lo fortifica? ¿Lo ha endurecido, tras este peregrinar luctuoso y esta mudanza abarloada, tras tantos muelles, pero ningún puerto? ¿Ha logrado arrastrarlo hasta la raíz, aunque la raíz no sea sino tiniebla, aunque no alumbre otra cosa que muerte? *Mysterious Night! when the first man but knew* Veo, junto a la sacristía, el discurrir manso del regato, hoy aplacado, pero feroz de espumas y encontronazos cuando la galerna discute su calma, cuando la inflama de fríos. Veo también los árboles soñolientos, que dibujan un pentagrama de fugas en el aguamarina del aire. Pero son fugas detenidas. *Thee by report, unseen, and heard thy name* ¿Es legítimo que disienta de esta visión, que he labrado con tanto errar, para abandonarme a otro canto, perfumado por el clavo y el azahar de las primaveras en Sevilla, para aferrarme al temblor que aún suscita en la piel, al encendimiento de los ojos ciegos y, sin embargo, videntes? Las piedras que me rodean, o que me sueñan, son verdes, como los ojos de los muertos. El idioma que hablo, y con el que venzo esta invencible condición de extranjero, está cubierto de musgo: ese musgo también soy yo. *Did he not tremble for this lovely frame* Abrazo este universo verde como si abrazara a Dios, aunque no sepa dónde está, aunque no sepa quién es. Pero me elude, como Dios. La juventud, roja, se derrama en los campos sumisos, en las agujas de las iglesias, en la sequedad de las sonrisas. También arraiga en la crueldad católica y la imperturbabilidad anglicana: a ambas he renunciado, pero siguen tintineando, continúan malqueriendo y desquiciándome y muriéndome. *This glorious canopy of light and blue?* Es un rojo que sabe a mar, a firmamento sáxeo y tierra celestial; un mar ensangrentado por la esperanza, que ha cuajado en otras palabras, embarradas, avasalladas por la luz. El infierno está en todas partes: en la quietud de las colinas y la evanescencia del anochecer, en la languidez de los domingos y la cólera helada de las escrituras notariales, en la templanza de la civilización y la fecundidad de la barbarie. *Yet 'neath a curtain of translucent dew* Veo cuervos, que suman su abulia a la de los campos en los que se posan, y cuya negrura diamantina se refleja en el espejo de los rostros, en la palidez azogada de los aldeanos. Lloro por esos cuervos y esos aldeanos como por las sacristías en las que he amado, y no a Dios, o por las tabernas en las que he rezado, y tampoco a Dios. Y veo el llanto del sol, vertido en otro estiércol; me pregunto si me acompaña: si esas lágrimas son mis huesos. Sí, está aquí, urente, desnacido. *Bathed in the rays of the great setting flame* Palidece con la lluvia verde. Lo enjuga la secuencia incomprensible de los días. Intento escribirlo, pero escapa, llevado por los pies de que carece, movido por una piedad sin beneficiario. Sin embargo, lo sé en el esternón, en la hoguera enmarañada de las venas, desapacible como el olvido. Pero no puedo capturarlo: cuando respiro, balbuceo; cuando me duelo, callo. *Hesperus with the host of heaven came* Y ese dolor que expira y se transforma en un nuevo derramamiento, como un fuego que siguiera a una decapitación, vuela, verde, por mi sangre, triza el espejo de mi nombre, se comporta como un príncipe o una rata. Yo soy un príncipe y una rata: alguien que ha escapado para darse a una fuga mayor. Pero estoy quieto, como esta tarde que me regala las turbulencias de lo que se ha ido, las humillaciones de lo insignificante y lo irreparable. Escribo cartas que no se dirigen a nadie. Pero se leen, y, con ellas, mi insuficiencia, mi gemir andariego, mi tributo a la niebla, que es mi casa y mi amanecer. *And lo! Creation widened on his view* El susurro verde de estos mármoles, su caricia pacífica, como la de la tapa de un ataúd, es otra artimaña del tiempo. El tiempo está donde estuve; aquí es solo pasar: morir. Pero no hay viajes que remonten la corriente de lo absoluto. No hay exilios que salven: solo un gran destierro en el vientre de la vida, un combate inmóvil con el Dios que desatiende el amor, y cuyo abrazo es la tierra que se cuartea, el barco que alcanza el horizonte sin llegar a ninguna parte, la propagación de las úlceras. *Who could have thought what darkness lay concealed* Mi cuerpo es negro, pero yo soy Blanco. Miro la pechera que lo preside, la pechera almidonada –blanca– que ejemplifica la rigidez de la que abomino, y sé que toda esta ropa no es más que piel que me hostiga, piel de la que he renegado, pero a la que se han adherido salmos, y melancolía, y pezones. *Within thy beams, oh Sun! Or who could find* En realidad, no pertenezco a ninguna piel, salvo a la de la conciencia, que me ofrece su insumisión sin tregua, el inmoderado estar de lo que nunca se apacigua. La conciencia no se apacigua: tampoco el latido. Muere, pero nunca deja de herir. Grita, con sordo ulular, y en su piel se reúnen todas las formas de la penuria. La conciencia asoma con rencor de subalterno y destruye cuanto he simulado. La conciencia se contagia de lo que declina, y en su oscilación engendra voces que me proclaman y me niegan. *Whilst fly, and leaf, and insect stood revealed* La conciencia es un lugar, y los lugares no se extinguen: transforman la ruina en resurrección y sobreviven al deambular calamitoso del hombre. Estas latitudes hermosas y abyectas en las que me desfiguro son verdes, son rojas, como el nombre de Magdalena, como el nombre de Fernando, como los relámpagos de la conciencia, fugaz como la roca, eterna como la roca, que persigue cuanto me rehúye. *That to such endless orbs thou mad'st blind!* A estas latitudes llegan ecos ensangrentados, estallidos de silencio, la alegría de lo quebrado, pero entero aún en su lenta descomposición. Aquí escribiré la oscuridad que respira en mí, que es mis pulmones, esta negrura candente de claridad, este rostro que es otro, como es otro el día en que muero, la casa en que vivo, el mar que me circunda. No hay bosques que me amparen, aunque aquí no haya sino bosques. Solo me protege aquello contra lo que he luchado. Acaso sea ese el destino de los que peleamos: sucumbir en una fractura creciente, sin golpes decisivos: solo en una asordinada infiltración del dolor; refugiarnos en el aire que se resquebraja. Y ahí surge otro cuerpo: otra muerte. *Weak man! Why to shun death this anxious strife?* Miro mi leontina, una de mis últimas posesiones. Quizá tenga que venderla para sobrevivir. O quizá subsista alimentándome de soledad y de nubes, estas nubes verdes que coronan mi quejido, como el arroyo abrasador que me ciñe, como el ensueño rojo que resplandece en la memoria, sin indicio alguno de que su aliento vuelva a resonar en mí. *If light can thus deceive, wherefore not life?*

[Las trincheras se inundaban de agua...]

> *Hay luz en mis entrañas*
> Pedro Garfias, *Primavera en Eaton Hastings*, II[2]

Las trincheras se inundaban de agua. El agua, aquí, solo inunda los canales por los que se deslizan barcos estrechos como husos. A veces la sangre era tanta que teñía el agua de rojo. Aquí, la cerveza es más oscura que la sangre. Pero las trincheras también eran blancas. La nieve las llenaba de una albura ósea, en la que las alpargatas de los soldados se posaban como pájaros grandes, o como deyecciones. Volví a ver ese blancor mortífero
  ¡alza mi corazón su pesadumbre
como un nido de sombras un gigante!
en Argelès-sur-Mer y Saint Cyprien: el de los polvos que nos echaban para matar «la peste roja». Aquí es blanco el fulgor de las hojas de los robles, que, entrelazadas, semejan telarañas de plata. Y es blanca la espuma de esta cerveza, que sobrenada en la noche líquida. Las trincheras han sido ocupadas. Yo ocupo hoy una habitación tranquila en este lugar cuyo nombre no sé pronunciar. Ha sido ocupado el aire que respirábamos.
  si me quedase inmóvil, como esta buena encina,
    vendrían vuestros pájaros a anidar en mi frente,
  vendrían vuestras aguas a morder mis raíces
      y aún seguiría viendo con su blancura intacta,
  quién sabe si dormida, la España que he perdido.
Yo respiro ahora las mordeduras cárdenas de las violetas y el rubio enderezamiento de los narcisos. Las únicas bombas que estallan son las estrellas, de noche: su metralla de diamante me lame cuando vuelvo, entre hilachas de silencio, a la paz transitoria del cuarto. Yo no sobreviviré: sobrevivirá lo que he perdido. Aquí estoy

de paso, como esas garzas que regresan, a golpes insomnes de ala, a los humedales del norte. Pasaré, como una brizna de hierba del desmonte, como una limadura de luz, abstraída ahora en
un llanto viudo por los transeúntes
tan serios en el ataúd de su levita.
muerte. Lo que no pasará es esta eclosión negra que me encharca los oídos, este abismarme en la inexistencia. Pueblo la soledad con un dolor fluvial en el que se juntan las siemprevivas y las ametralladoras, el olor a nuevo de los versos y el olor a viejo de los padres, la pujanza anaranjada de las madrugadas y la grupa hospitalaria de las mujeres.
arde el bosque profundo y arde el lago tranquilo
y arde mi corazón gloriosamente
La soledad me chupa como un pozo, pero yo me aferro a la caída, como si fuera un pecho, y transformo el desamparo en un fervor creciente, en una clausura parecida al amor. La soledad es la cristalización de la pérdida. La soledad es esta alfombra solo embarazada por mis pasos. La soledad es esta cabeza de ciervo que me observa, estólida, desde una pared ulcerosa. La soledad es no saber en qué tiniebla se diluye mi sangre, ni qué vacío administra mi nombre, ni qué muerte abreva en la mirada. Pero en estas llanuras indiferentes he encontrado un vino imprevisto. Y voy a él recto como el día a la
como la piedra inmóvil, gozo el sol que me funde
sin saber que lo gozo.
noche. Me siento junto al fuego, porque, aunque estamos en abril, todavía hace frío. Me siento y te beso los ojos de cadáver. Tu horror me exalta: me alimenta. Lo percibo tras el pecho endurecido, como una flor negra que hubiese prosperado en el reducto de la conciencia. Solo la rodean muertos. Solo nos rodean muertos. Pero que perviva el horror es la garantía de que lo muerto respira: el manotazo del sobrecogimiento es la caricia de lo desaparecido. Su fragancia hinche las pupilas, y las yemas de sus dedos riegan los médanos del corazón, y el espanto de la

gangrena es la belleza de la gangrena: en la mutilación subsiste el crecimiento; la negación de la rosa es también a rosa. Hablo.
El silencio tiene un nombre:
Tu silencio.
Oyes. Digo. Sabes. No entiendes. Hablo. Callo. La lluvia entenebrece los cristales. Tu mirada se desovilla en tragos despaciosos, como la lluvia. La mía se enreda con el flamear de las sombras. Bebemos sin entender. Entendemos. Hablas. Digo. Las ascuas tiemblan, como si fueran manos; y la luna, como si tuviese piel. Yo soy tu lengua, que me confía un pedregal convulso, una muchedumbre de lágrimas desnudas. Yo habito esas lágrimas: me pertenecen. Comparto su cadencia: soy las piedras que horadan, el escudo sobre el que traslado – sobre el que trasladamos– el cuerpo de aquello en que hemos creído: una patria, una causa, una mujer. La música opaca que me regalas
mientras duerme Inglaterra, yo he de seguir
gritando mi llanto de becerro que ha perdido a su madre
vuelve transparente la noche. Ese hervor gutural inhibe todos los venenos. De su mano alcanzo la madrugada. Nuestra borrachera es de sangre e impotencia: nuestro sufrimiento ha llegado a la cumbre, y no hay nada más allá, salvo sufrimiento. No nos hemos movido: tú, de la barra en que trajinas; yo, de esta cárcel indulgente donde languidezco, rociado por las cenizas del Atlántico, masticando la desolación del vencido; ambos, en estos sillones de cuero ajado, con las lenguas uncidas a la incomprensión, hermanados por la constancia de la muerte y los travesaños de la misericordia. De aquí
hermano fuego, tu llama fiera
da vigor a mis alas y a mis versos.
¿Qué me dice tu luz, que no es luz solo,
sino calor cordial, lumbre de aurora?
habré de partir. Todo soy ya partida. Las otras costas están en esta, que solo he pisado en tu mirada clemente. Las otras naves, las otras nieves, son también esta. Seguiré muriendo, aunque me enardezcan los rescoldos de esta intemperie, aunque

beba sin descanso la cerveza de la compasión. Tu no nombre es tu nombre. Yo soy Pedro. Y no sé pronunciar el nombre de esta casa solariega y efímera en la que desespero, ni por qué
yo quedo sobre un monte de tinieblas
      aullando al horizonte de mi vida.
hablo sin que me entiendas y, sin embargo, me entiendes, ni dónde he aprendido el no idioma con el que me transfieres tu llama. Nos han abandonado quienes nos habían urgido a ser quienes somos. Navegamos con cuerpos varados. Los pulmones son cascarones sin médula. Las pupilas embarrancan en la sinrazón. Lo que tocamos solo anuncia muerte: es ya muerte. La madrugada es violeta, como en las trincheras, cuando
  Hombres de España muerta, hombres muertos de España.
  ¡Venid a hacerles coros a estos pájaros!
extendía un dosel de plomo y proclamaba la humillación del acatamiento, la agonía de la cabeza hundida en el barro o separada del cuerpo. Ya viene a tocarnos en este círculo resurrecto. Se mete por las peladuras de los cristales. Se vuelca en nuestras mutuas lenguas ilegibles. Ya viene a devolvernos a la nada. Ya viene.

[He odiado este silencio...]

> (*Adiós al fin, tierra como tu gente fría,*
> *Donde un error me trajo y otro error me lleva.*
> *Gracias por todo y nada. No volveré a pisarte*).
> Luis Cernuda, «La partida», *Vivo sin estar viviendo*[3]

He odiado este silencio. Un silencio yermo. El del vuelo espinoso de las golondrinas. El de las noches tumefactas de frío. El de las miradas sin nadie. El silencio. He odiado la mansedumbre de la nieve. Se extendía por el campo y los intestinos. Era silencio. He odiado el alboroto del humo. Excremento de la luz, afluía al océano inalcanzable del cielo por un lecho de arcilla: nada lo apartaba de su camino sin patria; nada lo desviaba de su huida helicoidal, de su discordia con el sol. Yo miraba al paisaje acarrear la nada. Una nada turbulenta de nieve, de silencio.

Nula oquedad dejaban
En el tiempo, horas que no sonaron.
Y a ciegas le llevó el navío
Como al muerto temprano.

He odiado la desaparición de los hombres. Bullían, helados, en las calles heladas. Y desaparecían. Sus cuerpos no se estremecían al hablar; sus cuerpos no florecían. Ni se dirigían a mí como se dirigían a sus codicilos, a sus madrigueras, a su deserción. He odiado la apatía en que se refugiaban. He odiado su silencio: el hígado no resonaba, ni crujían las clavículas; los dedos eran ciegos; las nalgas habían perdido su avidez. A veces, al principio, atisbaba su esplendor en madrugadas de luz remisa. Entre los vapores del baño distinguía una piel lavándose los dientes, una pantorrilla espesa como la nata, una desnudez que me desnudaba. Pero no hubo nada. No hubo mieles, ni espasmos, ni gladiadores. No hubo abrazo: solo lejanía. He odiado estar lejos. Pero el odio es una querencia adversa; el odio es la forma que tengo de amar.

(Es el pórtico neoclásico de la ópera:
Pinta el pobre en el suelo retratos lastimosos,
Van diademas entre montones de hortalizas).
He odiado el silencio de los colegios. Yo amaba el silencio, pero el silencio que envolvía el pecho como una hoguera amable, el silencio que me transportaba a un silencio sin tacha, el que se erguía en palabras sin otro empeño que disipar el miedo y hacer de la soledad sustancia: el silencio de la algarabía áurea de las playas, el del vino y la querella, el silencio de los ruidos diáfanos que suscita la benevolencia, o ese, tan triste, que hacen los cuerpos al amarse. Entre muros con muchos escudos y espadañas que se hincan en el vacío y rectángulos abrasados de pasividad, he odiado el silencio.

Nada suyo guardaba aquella tierra
Donde existiera. Por el aire,
Como error, diez años de la vida
Vio en un punto borrarse.

Las multitudes estaban en otro lugar. También las he odiado. Las multitudes sofocan la piel: cercenan la transparencia. En Londres las multitudes hacen que cada hombre se olvide de sí: se lo tragan las manos; lo mortifican los hierros de la urgencia; le llueve la quemadura de irse, el plomo con el que se forja la anonimia, el engrudo de lo mucho. Pero ese hombre olvidado por tantos, abrumado por tantos, y por él mismo, se despierta con ferocidad acética: espoleado por el fracaso, se yergue como un colmillo y se entrega a su propia devoración. Ese hombre anulado, en cuyo corazón solo crece la verdolaga, prorrumpe en acideces, levanta torreones de sombra, se encona como una pústula. Lo miro a la cara y veo a otro –un perro, un homúnculo, un hombre–, pero soy yo. No reconozco sus gestos, pero me dicen a mí. Su cólera, muda, es la misma que me arrebata cuando no alcanzo a reunirme con aquellos a los que quiero: contigo, que acaso me leas en el futuro, y que quizá entonces no me contemples con desamor; conmigo, tan próximo y tan incomprensible; con mis muertos, tan callados.

Las multitudes me exasperan hasta que me desvanezco en este paroxismo de mí, en esta deformidad indefensa que viste mi americana, y perfila mi bigote, y calza mis botines. He odiado este fragor y el silencio que supura. He odiado mi deambular por estas calles ocluidas por el gentío.

(Siglos en piedra, muros limitando los claustros
Sobre jardines mudos, donde los estudiantes
Pasan y flotan tras de ellos negras alas).

Pero ha habido momentos en que las piedras, y también los hombres, dialogaban. Los claustros no eran intransitables, sino que filtraban una claridad lentísima, hecha de paréntesis y azaleas. La hierba no hería: quizá fuese la arena de mis caminos. Los graznidos de los cuervos destellaban, y rebotaban en las tapias de las bibliotecas, y yo los apresaba cuando caían, desbarajustados, en mi casa, a la intemperie. Yo leía la luz, y me escribía. Y conversaba con otros huéspedes de la ausencia, a los que también había derrotado el mundo. Pero su mundo era el mío, y yo lo cultivaba con sobriedad: no omitía la esperanza. Hubo, asimismo, labios devorados: labios que asomaban entre columnas, o que se desnudaban en la penumbra de los rectorados, o que absorbían, como anémonas, el desgarro que me constituía, y dejaban mi cuerpo expedito para el amor, para el corolario ígneo de la entrega.

Solo junto a la sombra,
Con voces y con risas
Ajenas allá abajo,
Lejos miró. ¿Era sueño o vigilia?

Ha habido, también, cercanías imposibles. En Battersea, donde apenas llega la ciudad, o donde ya retrocede. En un banco de madera con el que se ensañaba la humedad. A la vista de un río muy grande, en el que las gaviotas martirizan a las gabarras, y se precipitan la basura y los suicidas. Rodeado de setos que apenas se diferencian de la maleza, con el gruir sinuoso de las garzas y la majestad espantadiza de los cisnes, con la saliva del sol en las pieles incrédulas, con el ardor de los senderos aplacado por el agua de los pasos, con el aire apelmazándose en vaho, con los filamentos de la niebla del atardecer enredándosenos en los muslos. Aquel silencio no contenía ambigüedad: era solo querencia; era solo voz. Pero también equivocación. Yo no podía amarla. Yo era solo la urna del desconsuelo.

(Por prados de asfódelos el río gris se duerme
Y la torre normanda asoma en aire húmedo
Tras los olmos antiguos y las roncas cornejas).

He odiado la oscuridad de estos amaneceres pálidos. He odiado el acero de la inteligencia: de la mía, ante todo, que me impedía acercarme a lo laxo, a lo ilegible, que me vedaba la piedad y el beso, pero también de los otros, que me aislaba como una empalizada. He odiado los domingos grumosos y el hacer sin compasión. Sobre todo, el hacer, este anudamiento de cosas que es, a la vez, desatadura del espíritu, este riguroso desvanecerse de lo creado, pese a su solidez, o gracias a ella. He odiado la intangibilidad de los seres, que me ha hecho consciente de mi propia intangibilidad. He odiado la intransigencia de las leyes: su cedazo sin agujeros; su altivez. He odiado esta quietud fabril, estas preguntas que no pretendían respuesta, o que ni siquiera se pretendían preguntas. He odiado la gelidez de los relojes y la vaciedad de las calles por las que pasaban tantos, animados por el desafecto, desdeñosos del amor. He odiado la lluvia que me golpeaba como una metralla compacta. He odiado el viento que desbarataba los paraguas y el alma, y dejaba a la vista el tuétano erizado de los hombres, o su pudrición. He odiado las paredes de la carne. He odiado el desinterés enjoyado de cortesía. He odiado la cortesía, que es solo la coagulación de la mentira. He odiado su sol, tan hipócrita como aquellos a los que ilumina. Y ahora que la belleza del mundo vuelve a ser posible, y palpita acaso, otra vez, ante mis ojos, y me incita a la turbulencia de otro nacimiento –todo nacimiento es una muerte–, sé que este odio fructificará. No resultará en actos, sino en palabras; pero las palabras también son actos. No me embrutecerá con sus aristas: alimentará un verbo que no se ha separado de mí, pese a tanta cercenadura. El odio puede ser ala. Yo he odiado, pero volaré otra vez: recorreré el laberinto del aire, aunque ya solo sea la astilla cenicienta de una encina de luz.

Bajo el cielo, en la oscura
Medianoche del puerto,
Viró el navío rumbo al agua.
Reposo y movimiento en uno fueron.

[Hoy ha nevado...]

> *Comenzaron a llegar unos cuantos viejos de las casitas blancas de la playa de Calpe, como hacían todas las tardes. Se sentaron en taburetes a lo largo de las esteras colgadas, frente al mar, ahora que se había ido el sol. La punta encendida de sus cigarrillos trazaba signos cabalísticos en el aire oscuro.*
>
> Arturo Barea, *La llama. Tercera parte de «La forja de un rebelde»*, segunda parte, cap. VII («La voz de Madrid»)[4]

Hoy ha nevado
y siento la nieve como otra lengua: como si hubiera penetrado
en el pecho
        y se hubiera refugiado en el vacío
y me hubiese dado calor.
La nieve da calor, aunque los pies, mal enfundados en alpargatas,
                                                                                        rocen
la congelación.
                Ha nevado
y yo siento que el mundo se ha refugiado en una blancura
                                                                        [inverosímil.
Los copos que caían era el mundo que caía,
y este verde en el que extravío mis pasos, aunque cimiente mi casa,
                                                                  ha enmudecido
            bajo tanta humillación.
La carretera a lo largo de la costa roqueña de Levante (...) nos condujo a través de cerros llenos de terrazas labradas al pie de montañas yermas y azules; a través de pueblos con nombres sonoros —Gandía y Oliva, Denia y Calpe–; a través de gargantas y barrancos tapizados de hierbas aromáticas, en una sucesión de casas de labor blanqueadas con cal y rematadas por el rojo de sus tejas rizadas. The road along the rocky coast

of Levante (...) took us across terraced hills at the foot of the blue, barren
mountains, through crumbling towns with resounding names –Gandía and
Oliva and Denia and Calpe– through stony, herb-grown gorges and past
whitewashed farms with an arched portico and curled tiles on their roofs.
Esta precipitación es homogénea como las dunas
y, a la vez, siempre distinta, como las quebradas del Atlas:
                                      desvanecimiento y roca,
              hielo y arena.
Allí la sangre manchaba las higueras y los ojos.
Ninguna lavandera, ni siquiera mi madre,
podía redimir los uniformes de tanto estrago.
                                  El mal era la vida.
                    Los cadáveres estaban rojos, pero era
        un rojo ceniciento, tintado de sol.
Los hombres solo eran sangre. Y, cuando la sangre echaba a volar,
                                      [convocada
por la perfidia de una espingarda
                    o el latigazo del acero,
las alas eran letales: recorrían un espacio infinitamente vacío,
hasta el vacío final,
            concreto como un cactus,
rígido como la luz.
        La sangre era hija también de la maldad.
Los escorpiones
que los anocheceres espabilaban, no atacaban menos que las manos
agusanadas, que las medallas con piorrea.
                                El polvo era nieve:
                    una nieve quemada, que nos asfixiaba,
       que nos embreaba de horror.

A pocos kilómetros de Altea la guerra golpeaba la costa. En la cima del Peñón de Ifach –el «Pequeño Gibraltar»– había un puesto de observación naval en las mismas ruinas del viejo faro fenicio. Los hombres de las Brigadas Internacionales, mandados al hospital de

Benisa para recuperarse de sus heridas y de su agotamiento, venían allí cada día en autobuses, para bañarse en una de las tres pequeñas ensenadas que había al pie de la roca, donde el agua no llegaba al cuello. A few miles from Altea the war was knocking at the coast. On the Rock of Ifach, «Little Gibraltar», as it was called, there was a naval observation post in the ruins of the ancient watchtower. Men of the International Brigades, sent to the hospital of Benisa to recover from wounds and exhaustion, came every day in lorries to bathe in one of the three shallow, scalloped little bays at the foot of the rock.

                    Hubo palabras en las bombas.
               La pólvora tenía sílabas.
Yo leía, y miles de ojos escuchaban.
                        Ni siquiera yo me conocía:
la voz era de quienes me oían decirme, me oían morir, para que
                                       [ellos vivieran.
Las paredes se cerraban sobre mí para que el único sonido
fuera el de mi piel, acuciada
por el dolor, pero también por la inteligencia,
para que solo yo supiera qué significaba estar solo,
para que estar enterrado no significara estar muerto, para que la
                                         [sangre regase
también el esmalte tenebroso, y la metralla que me ensartaba
la lengua,
       y los estallidos que se clavaban en la noche
como los dientes de un loco en un pecho desnudo.
Las palabras que decía, me decían, porque no estaban en mí, sino en
                                            [la escucha
derramada de los vivos y los difuntos;
                          en los transistores que habían
                                            [llevado
a las estaciones de metro los vecinos despertados por las alarmas
                                  [antiaéreas, con niños
aterrorizados y madres enfermas, con pijamas y vasos sin leche;

                              en la
                              [vigilancia
de un cielo que se confundía con la tierra, por la que reptaban
                              [escolopendras,
                              orugas aladas.
Cuando no íbamos a la playa africana de Benidorm, con su fondo de montañas azules, sus palmeras y sus escarabajos peloteros que dejaban la huella de sus patitas en la arena, nos íbamos al Peñón de Ifach, a casa de Miguel, a quien yo llamaba el Pirata, porque era como uno de aquellos piratas libres y cínicos, héroes de cuentos. When we did not go to the African beach of Benidorm, with blue mountains and palm trees and dung-beetles making their tracks in the hot sand, we went to the Rock of Ifach and stayed with Miguel, the tavern keeper whom I call the Pirate, because he looked like the free, bold pirate of the tales.
Las palabras perduran: tienen consistencia de huesos.
Aunque mudan: enrojecidas en los campos donde se varea la fiebre y prospera el asesinato,
se blanquean en este suelo de arroyos que culebrean por entre
                              [edredones de hierba,
           en este lugar en el que la ausencia
                              se ha vuelto piedra.
Las digo ahora con otro cuerpo.
                     Las manos pertenecen a ese otro
que habla en mí,
que habla conmigo,
           pero que no soy yo.
Escribo como si hubiese saltado a un vacío de palabras,
                              estando lleno
                              [de palabras.
           Mi lenguaje encuentra en la matemática levadura de la
                              [forma
la cura del olvido.

             Tuvieron la vileza –sumada a tantas otras–
de llamarme «el inglés Arturo Beria».
                              Protestaron por que me
                                        [hubiesen considerado
      un periodista español.
                       Palabras que bastardean el ser, cuya combustión
suplanta a la inteligencia;
palabras de meollo hirviente y cóndilos sulfurosos;
palabras dentellada.
                      Pero yo seguí diciendo.
                                           Decir es tener ojos.
                                   Decir confiere espesura y amor.
                Decir salva.
Vendía vino y guisaba comidas en una choza, abierta a los cuatro vientos, que no consistía más que en grandes mesas de maderas de pino, bancos de lo mismo a lo largo de ellas y esteras de esparto colgadas de una armazón de palos, para proteger las mesas contra el sol. Decía que la idea de aquello la tenía de los bohíos de Cuba. (...) La primera vez que entramos en la sombra fresca del merendero, nos miró de arriba abajo. Después, (...) sacó una jarra llena de vino, sudorosa de frescor, y bebió con nosotros. He sold wine in an open, reed-covered shack with long benches and plain trestle tables, protected from the glaring sun by plaited rush curtains. He had seen shacks like that in Cuba, he said. (...) When we first came into the cool shade he looked us up and down. Then, (...) he brought us wine in a glazed jar and drank with us.
                                            Moriré aquí.
             Sé que no he de escapar de esta isla.
Esta isla es mi puerto y mi desesperación.
Iré al pub y beberé cerveza. No espero que me recuerden: ni con los
                                                       [que hablo aquí
ni quienes me injurian.
                  Moriré aquí algún día azul.

                              Quizá no haya
                              [nubes en el cielo,
              pero sí sombras.
Las sombras anidan en la claridad como las alondras en
                              [los manzanos.
Moriré y no seré enterrado.
                    Volaré golpeándome contra las paredes
                              [del viento;
volaré con la pulcritud del calígrafo
y la pureza del derrotado.
                    Exploraré los intersticios del aire,
sus resquebrajaduras sangrientas,
                    donde se esconden visiones
que no he tenido, pájaros que no existen, besos
inéditos, que nunca me podrán ser arrebatados.
                    Mereceré la descomposición
                              [que me acoja,
              y el silencio me mojará los pies,
                              [escribirá lo que yo no he
sabido escribir, ultimará esta pasión ya despojada de causa, este
                                        [suplicio
de combates enunciados.
                    Moriré aquí, pero habré vivido en otro
                              [lugar,
       habré sido otra tiniebla, abrazando –y abrasando– a
                              [mis iguales
y a mis enemigos, enarbolando gargantas
                              que no me pertenecen.
              Moriré aquí,
y acaso una lápida misericordiosa venga a cubrir, con el tiempo, mi
                              [desaparición.
Será breve y grisácea, y sus palabras se irán borrando, como se han
                              [borrado las mías;

o quizá no: acaso se aferren a la piedra, como la ausencia se adhiere a
[la materia,
sin caminos ni ascensión,
paralizadas
por su propia entereza, desarticuladas por su propia perfección de
[incisiones
marmóreas, obligadas a convivir para siempre con quien no está ni
[ha estado
ni estará nunca
en ningún sitio.
Aquel día cogí un pez, uno solo, de escamas plata y azul, y sin reírse lo echó en un cubo lleno de peces vivos aún del mar, resplandecientes con todos los colores del arco iris. Él mismo nos iba a hacer la comida. Coció los peces hasta que el agua «les sacó su jugo». Y con aquel agua nos hizo un arroz, sin nada más que esto, el jugo del mar. Nada más. Nos lo comimos llenos de alegría, bebiendo juntos vino rojo. That day –I caught a single blue-scaled fish– he himself cooked us a meal: a bucket of fish, fresh from the sea, glinting in the colors of the rainbow, were cooked until the water had sucked out their goodness; then he boiled plain rice in this juice of the sea. That was all. We ate it with gaiety and drank rough red wine.[5]

[Mi exilio es otro...]

> *El currículum del presente texto ha sido: escrito en Londres, 1973; finalista (cosa extraña) en el Premio de Novela Corta de Cáceres, 1974; a punto de ser publicado bilingüemente en Lisboa, 1975, pero una crisis económica, etc. etc. Esas peripecias han ido adobadas de otras, largas de relatar, pero que, en resumidas cuentas, se reducen a esto: un rechazo tras otro de las Nobilísimas Instituciones para costear la publicación, una negativa tras otra de las no menos pusilánimes Editoriales... Total, que al final me lo he tenido que pagar yo, lo mismo que mi novela* Luego, ahora háblame de China, *1977. Y todo porque en este miserabilismo país la penuria mayor jamás ha sido su pobreza económica.*
>
> Jesús Alviz, He amado a Wagner
> *(memoria biliosa: anverso)*, contracubierta[6]

Mi exilio es otro. El exilio es de donde vengo. Allí las personas son piedras, y la luz es piedra, y las palabras se deshacen, arenosas, como si quisieran precipitarse en un pozo sin muros y no dejar rastro de su existencia. (Aunque las palabras nunca dejan rastro de su existencia). Paseo entre piedras como si tuvieran ojos. Pero esos ojos no me hablan: me eluden. Los ojos de las piedras me escupen, y sus labios me envenenan. La soledad adquiere un fulgor de noche minuciosa, de insomnio acribillado de minutos, de tedio enloquecedor. El exilio es pasear por las calles, de noche, y no ser yo. O serlo, pero sin nadie: nadie que se apuñale con mis versos; nadie que glorifique mi sexo; nadie que pose sus labios en mi nombre. Nadie se encarama a mi vientre para ser yo.
no el mojón salvado de las aguas y petrificado en la peña costrosa, monumento fugaz de desecho, cuyo orgullo da en breve en pasa amoratada atorrado por la canícula, acribillado por la avidez de

moscardones, llenado el silencio de la tarde con el relumbre de sus ojos y zumbidos, apisonado por el pataleo incesante de esas ratas...
Y no vivir, porque no hay vida en la indolencia, y una galbana untuosa se extiende por sobre las cabezas como un pabellón funeral. El desdén de los insectos. La monotonía de las rosas. La incomprensión del acebo, parecida a la de los doctos. ¿Qué hogar es la muerte? ¿Qué hospitalidad ofrece este prólogo acezante, este errar por las páginas inaudibles, esta desbandada de iglesias negras, y páramos sin redención, y esperanzas desballestadas? No vivir: permanecer en el exilio natal. Nacer a cada olvido, a cada metáfora emasculada, a cada ruido que se hunde en el vientre, a cada lágrima o erección que no se recibe con benevolencia, a cada caminata que concluye en el mismo punto en el que empezó, y que no ha pasado por ningún sitio, salvo por su propio deshacerse, por su polvo quieto y devorador.

atrévete con la soledad que llevas,
aparta el desaliento,
deja la autosodomía,
que lo tuyo va a ser una muerte lenta
por acúmulo de contradicciones, ¿y qué?

El exilio es no tener a quien morder. No tener falo ni dientes ni hambre. No tener sombras en que disolverse ni vértebras en las que refugiarse. No atender al repicar acedo del deseo. No poder abandonarme al delirio que me acosa en soportales y bibliotecas, o a la desnudez que imagino en tabernas, o al amor que me llueve en las pupilas cuando cierro los ojos. No poder ser yo, siendo otro. El exilio me ha privado, en mi casa, de los fluidos del cuerpo, de las semillas que habría regado con el agua de las manos o los sueños. La realidad es el exilio. Exiliarse es ahincarse en sí, devorar los propios muslos, azotar los espejos para que expulsen el zumo del yo, y que ese homúnculo atroz, erguido a nuestro lado, nos hable, como nosotros hablamos a los espectros con que nos

cruzamos, como esperamos que las cosas nos dirijan una palabra incruenta, aunque siempre contenga crueldad.
acabarás como todos los días, dando tumbos y traspiés por los metros hasta dar con tu línea. No olvides, además, que mañana, al igual que hoy, tendrás que madrugar, bordar tu papel en el restaurante, si no quieres verte una vez más en la calle. (...) Al final tomarás más cerveza de la que pensaste. Como un tarambana saldrás del pub.
En este lugar, en cambio, he aprendido que la soledad puede sonreír, si no se espera nada. La soledad, rodeada por otras soledades —las de quienes aspiran a no verte, ni se preocupan por que tu pasión alivie su muerte—, se transforma en algo parecido a un perro que te acompaña y que, de vez en cuando, te ladra para pedirte comida. Su lealtad es interesada pero indesmayable. Aquí he orillado la oscuridad viscosa de mis adversarios y abrazado el incendio húmedo del yo. El carrusel de este largo espectáculo me aprisiona, pero esta prisión es mi vuelo. No negocio con nadie; no hago concesiones a sacerdotes ni a mandamases. Nadie me oye a mí, tampoco, ni me regala su atención. La indiferencia es una bondad inhóspita, que me redime de tantas cercanías irremediables.

el hombre
ese pelele que te enturbia la mirada, obcecado
en remendar su Identidad, en anclarla a alguna parte,
consolidarla, reforzarla con costaladas de leyes,
piedras angulares, paredes maestras, reglas, plomos,
y esbozas una sonrisa,
esbozada solamente,
porque lo Idéntico y sus atributos van como corcho
a la deriva en la maravilla del universo que todo lo engulle y vomita.
El suelo es aquí una atalaya. A veces tropiezo con mi cadáver, pero me rehago pronto: el cadáver está vivo. Quiero amar a esa anciana de ojos transparentes: estoy seguro de que ella, que ni siquiera me ha visto, también lo desea. Y quiero amar a aquel negro que pasa como un vendaval de obsidiana. Él sí me ha visto. Me arranca

un gemido, que resuena en todas las paredes del universo. Pero nuestro universo es un callejón que huele a vómito y a *whisky*. La horda doméstica ha sido sustituida por una multitud incógnita. Pero es una grey fraternal, a la que me entrego para encontrar un sueño en el que vivir, una conciencia que no sea la suma de todos los desprecios.

Tú también demostrarás un amor vehemente a los animales, porque tendrás que sacar a paseo un par de dálmatas, hijos y amantes de una chochona inglesa. Tendrás también que especializarte en pergolessi, pues deberás fregotear suelos de un restaurante, e il padrone, impuesto en ese músico, podría amenazarte con que lui non ha bisogno di te.
Escribo, arrebujado en la cochambre del cuarto, como si diera hachazos al mundo. Dejo que me asombre cuanto me atormenta. Atornillo al papel lo que se insubordina y se disipa. Pero crezco en cada serosidad de esta alquimia nocturna, a la luz de un sol delicado como un crisólito. Me hago yo –y tú, y todos– relatando esta nada tentacular, esta reciedumbre fluvial de payasos y faquires y maniquíes y borrachos y gaiteros y manifestantes y muertos en un portal que la policía se esfuerza por apartar de la vista de un público asustadizo. Todo lo escribo como quien se derrama en el grito. Porque en ese derramamiento y ese grito está mi casa. Porque ese exilio –que me perfila como a un náufrago iluminado

así vas, adosándote aterido a cuerpos
[viscosamente opacos,
meteoro enloquecido restallando de rabia entre turbias atracciones y
[repulsiones,
sin saber si hay algo que conduce a o se queda en,
[si todo ha de ser
un bamboleo, un echar chispas fugaces de pedernal,
con los dientes rechinándote porque ni nada
es como te dijeron ni como parece que es,
deseando no haber sido parido, maldiciendo
aquel lúgubre momento en que los microgametos

confabularon tu ruina, porque en ellos iba el tártago
de tanto ismo esterilizante para siempre
Dejo de escribir, y amanece. Ahora he de recorrer todavía las calles para llegar a otro tugurio donde pasar las horas. Las horas son doradas, como la mierda. No concibo otra conducta que la que me impone este viaje al núcleo, esta irisación de la negrura que orinadamente me constituye. Veré en las calles a gente como yo: reductos de insolencia, héroes apáticos, orgullo petrificado; y también a gente que nunca será como yo. Todos son hermanos míos. También yo soy mi hermano. Escribo, camino, friego platos y suelos, admiro culos y perdiciones: mi anhelo es mi perdición. Entreveo, turbio de temblor, la hoguera helada a la que habré de volver. Pero aquí sigo deshaciéndome, aquí sigo multiplicándome. Escribo. Veo amanecer. Anochece. Camino. Escribo. Paseo perros y friego platos. Soy. Estoy lejos, pero estoy en casa. La lejanía es mi morada. Aquí he acallado el dolor. Aquí muero.

NOTAS

1 Tanto los versos originales en inglés como la traducción de Esteban Torre están tomados de José María Blanco White, *Night & Death*. «El mejor soneto del idioma», sin lugar de edición, Berenice, 2012, pp. 3 y 40.

2 Los versos transcritos en cursiva proceden de Pedro Garfias, *Primavera en Eaton Hastings. Poema bucólico con intermedios de llanto (1939)*, edición e introducción de José María Barrera, Málaga, Centro Cultural de la Generación del 27, 1994. Los versos utilizados no respetan necesariamente la disposición original.

3 Tomo el poema de Luis Cernuda, *Poesía completa*, vol. I, edición de Derek Harris y Luis Maristany, Madrid, Siruela, 1993, pp. 423-424.

4 Sigo la edición de Plaza & Janés (Barcelona, 1993). La cita inicial está en la p. 381, y las que se incluyen en el poema, en las siguientes: p. 376, la primera; p. 378, las tres siguientes; y pp. 379-80, la última.

5 La traducción al inglés de los fragmentos en castellano es de Ilse Barea, esposa del escritor, y está tomada de Arturo Barea, *The Forging of a Rebel*, Londres, Granta Books, 2001, pp. 686-688.

6 Transcribo de Jesús Alviz, *He amado a Wagner (memoria biliosa: anverso)*, Cáceres, edición del autor, 1978.

Índice

[Aquí, ¿a qué vine?...] 9

15 CORRESPONDENCIAS
    [Solo, alguien, una sombra calcárea...] 17
    Multitudes 25
        I 25
        II 31
    [Araño el aire...] 38
    [Casas, laceraciones...] 46
    [El exilio es un río...] 55
    [El olvido empieza...] 64

73 ESTAMPAS DEL DESTIERRO

89 CLAMOR CUCHILLO

105 OTROS EXILIOS
    [Verde es el mundo...] 107
    [Las trincheras se inundaban de agua...] 111
    [He odiado este silencio...] 115
    [Hoy ha nevado...] 120
    [Mi exilio es otro...] 127

www.ingramcontent.com/pod-product-compliance
Lightning Source LLC
Chambersburg PA
CBHW020933180426
43192CB00036B/950